跨次元即時通，解讀你的靈魂藍圖

印度 納迪葉
Nadi Leaf

Guru A. G Natrajh 顧問   **Keshin** 著

謹以本書，獻給我最愛的父母，此生感謝爸爸、媽媽以全然的愛與祝福，豐盛了我的生命。在此叩首跪謝今世養育之恩。

女兒 Keshin

〈序〉
以現代的語言傳達古老的智慧

    Keshin 是一個倍受聖哲祝福的幸運兒。

    多年來,我為很多人解讀過葉子,卻從未見過有人像她這樣可以為親人付出,也沒人像她這樣對納迪葉如此好奇與充滿熱誠的。我想就是這樣一顆真誠的赤子之心,感動了聖哲也感動了我。

    Keshin 就是這樣一個特別的靈魂,她不是一個作家,從未寫過任何書,好像聖哲逗趣的叫個調皮的孩子好好把功課寫完,就會有驚喜,而小孩興奮的把它當回事,認真又努力地,竟交出了一份內容深度媲美經驗豐富、已寫過無數書籍的學者著作,作品令人嘆為觀止。只教她騎部腳踏車,她卻嘻嘻哈哈的架起了一艘太空船!頑童般的稚氣裡,卻處處散發著深沉的智慧與真理。

    當初在為她解讀葉子前,眼前這位時尚、受過西方教育、非傳統甚至非靈性主流的人,難以想像,日後竟可與東方印度千年古老的聖哲文化有著如此不可思議的交集。如同一個在母親懷裡十月的嬰兒,出生後玩遍世界,徜徉了一趟精采繽紛的人生,卻赫然想起自己曾在母親腹中。如同生命的輪迴,忘了自己的前世,卻是在與自己的葉子相遇後,突然醒了過來;在這一年專心致力的研究著任何有關納迪葉與聖哲的所有文獻,不恥下問、無懼辛勞與阻礙的走訪南印各處聖哲之地。

    她似乎連接了過去的一切,迫不及待的想尋回過去所學,想不到當初這顆看似不起眼的種子,竟在日後長成了一棵大樹,人們因此得以乘涼庇蔭並採收豐碩的果實。她今世走遍世界所學的一切,似乎全都是用來造就這一刻,並以聖哲的語言來傳達於世,她的訊息必將受益於世人。這一年看她拍電影、寫書、分享納迪葉,每項都是她這輩子第一次的嘗試,卻都是一蹴即成,成果令

人驚豔讚嘆。

　　聖哲有時會以不同的化身出現在人類歷史階段，為世人點燃一盞明燈；有時則會選擇某些與他們特別有連結的人，藉由這些人來將愛與智慧傳播於眾。在 Keshin 的身上，我看到了聖哲的顯化；在她的靈魂裡，我見證了聖哲的力量。這世上只有少數的人可以做到，如果沒有聖哲的祝福，沒有人可以做到這樣的程度。因此她將會把聖哲的著作推廣於世，她也將會以現代的語言傳達古老的聖哲智慧。讓我們拭目以待。

　　熱情、用心、真誠、堅韌、無畏，她是一個做什麼都容易成功的幸運兒。

　　我這麼說，相信聖哲們也會同意。

　　在此為 Keshin 獻上我無限的歌頌與祝福，這個靈魂將會一直在聖哲們深深的祝福中持續、延展、存在著。

Blessings

A. G Natrajh

▲**呂應鐘**（台灣飛碟學會創會理事長，國際華人超心理學會理事長）

　　首部精采 Nadi Leaf 華人著作！整個下午浸在本書文字裡頭，實在精采，確實是台灣第一本真實的納迪葉記錄。這本書一定會暢銷的，這是上天的安排，因為 21 世紀是「啟示」時代，「啟示」就是「揭露真相」，讓地球人知道，宇宙中確實有著龐大古老的資料庫——「宇端信息庫」iCosmos。

▲**林元清**（Matthew Lin, MD，骨外科醫師，曾任美國洛杉磯聖瑪利諾市市長，美國加州中心健保總裁，台北醫學大學董事）

　　一口氣看完了 Keshin 寄來的印度納迪葉書稿，的確是一本難得的好書。Keshin 用他與納迪葉美麗而神奇的機緣與巧合，經歷了一場為人羨慕、浩浩蕩蕩的靈性尋根之旅，再用現代的語言，為大家介紹這個印度遠古的智慧與神奇，實在是很難得的機緣。

　　人們常常掙扎在現實（Reality）與理想（Expectation）的差異中，也常想籍由先人的智慧來尋找生命的答案或改變的力量。如果你仔細讀完此書，會更了解一些先賢留下來的智慧；再仔細想想，你也更會發現，你所追尋的答案及力量，原來一直都藏在我們的內心中，唯心而已。這也是追尋靈性成長的人應該要看的一本書。

▲**唐崇達**（文案達人創意事務所執行長兼執行創意總監）

　　生命有沒有前世？人結束今世，有沒有來世？人與人的因緣，能不能延伸到跨世？若你跟自認理性的我一樣，曾在信與不信的擺盪之間，認為不可能尋找到這個答案，當您看完我的學生 Keshin，不辭千里與「印度納迪葉」的跨時空奇遇，您會跟我一樣，對於隔世生命燃起躍躍欲試的認「世」。一本解開個人生命藍圖與跨世靈魂之祕的寶書，值得在此向您神奇推薦！

▲張鵬圖醫師（輔英科技大學創辦人）

Keshin，我永生的祝福。

▲陳嘉堡（《心靈量子轉念引導》課程創辦講師）

我從得知到遇見自己的納迪葉前後大約兩個月，能遇見自己的納迪葉更是難得的際遇，據稱就算你欲解讀也不是每個人都能遇見自己的納迪葉，它讓你更明確知道自己生命歷程的前因後果，也提醒你接納生命所發生的一切，讓當下時常伴隨你。

▲陳藹玲（富邦文教基金會執行長）

在 Keshin 的生花妙筆中，進入了一個生動不凡的世界。一讀就欲罷不能！很難想像第一次寫書的她，可以如此傳神的描繪出印度納迪葉的神妙與她種種的心路歷程，除了天分外，我想這是因為她長期以來追尋宇宙真理的熱情和所下的苦功吧！

她敘述和男友共同的興趣就是靈性探索，「這幾年來一起到處尋仙訪友：北京辟穀，哈爾濱遙視特異功能，雙城接靈，在大連見證外星資訊，到亞布力開啟宇宙天語等等，一起體驗了無數不可思議的神奇。」在這麼多的經驗中，納迪葉到底有什麼特別的地方叫 Keshin 如此折服？

透過她的親身體驗，我驚訝卻也完全信服納迪葉的神奇力量。

在無盡的宇宙中，人類真是太渺小了，我們用各種途徑，試圖解開生命的奧妙，於是前人的智慧及心血累積了如易經、紫微斗數、子平八字、西方占星學等深厚的知識。雖然沒有 Keshin 這麼積極勇敢和豐富的閱歷，我也一度熱中於瞭解相關領域。其中鐵板神算，算過去和家人幾乎如同納迪葉一般精準，但就我所知，在其他方面的細節和討論，整體範圍上可能沒有納迪葉如此完備且廣泛。

不過了解了人生中的糾結，除了接受「命運的安排」、趨吉避凶外，我們又能做些什麼？如同作者所說：「在積極面對並解決之餘，開始慢慢接受並允許

它發生的過程，不再聚焦專注在現今問題點上，攻擊它的道德瑕疵。葉子上的揭示使我了解到，加害者與被害者角色在時空裡的循環互換，進而比較可以體會到對方內心的痛苦，這個領悟無形當中讓我內心平靜不少。」

確實，心轉、境轉、命運就轉。接觸佛理後發現，能量不滅，凡走過必留下痕跡。起心動念都有影響，更何況累世的作為及人與人間的糾纏。所謂：欲知前世因，今生受者是；欲知來世果，今生做者是。命運之所以可以預測，是因為人皆有習性。改變習性，勇於接受挑戰，我們就能創造自己的人生，扭轉「宿命」。

話說回來，謝謝 Keshin 帶領我們進入納迪葉和印度文化這個充滿智慧和歷史的神祕世界。非常認同她的看法：「我與納迪葉聖哲們深深連結著，不認為他們是印度教或其他任何教派。一切神性是超越宗教的，我接受印度神像的原因，很主觀也很直覺──就是對這些五顏六色、千變萬化的造型愛不釋『目』，藉由這些賞心悅目的創意媒介，讓我可以與抽象的能量意識連結。對我而言，各個宗教背後所支持的神性能量如同頻率，各有不同，有的人可以與 AM 共振，有的卻是 FM 的忠實聽眾，這就是靈魂的自由，只要是與自己內心有所共鳴的，就是你的神。」

還有一位從軍人到心靈老師的分享也非常中肯：「他本身沒有宗教派別，靈性道路上沒有限制，各種安排自然有它的道理；找納迪葉其實不是外求，而是透過納迪葉呈現內在，如同照鏡子。」

請準備翻開書也打開心胸，諸位將見到浩瀚宇宙的精采樣貌。

▲蔣欣芳（音樂與身心工作者）

2013 年 7 月 3 日，在經過 1.5 小時的比對之後，我與我的「納迪葉」相遇。

「納迪葉」讓我看見靈魂課題，明白因果業力與法界（宇宙）律則是何等的井然有序，並願意接受在人間「最後一世」的生命道途──成為一個與眾不同的 Guru，服務世人、利益眾生。

當聽到聖哲跟我分享「納迪葉」上所記錄的過去世時，讓當下在過往伴侶

關係的種種事件裡，身心靈曾經受到極度創傷的自己，因為全然的「看見」、「明白」與「臣服」，瞬間得到了釋放、轉化。自此，一股與以往迴然不同的寧靜在內心油然升起。那是一種更深的「臨在」。而身心的呼吸與脈輪的振頻，也越來越深、越來越穩。

人生絕對沒有白走的路，沒有白經驗的事，更沒有白進入的關係。

所有發生在我們身上的種種事件，都是讓我們往內走的更深、更深、更深的資糧。

謝謝 Keshin 在有如神助般的因緣際會之下接觸了「納迪葉」，將「納迪葉」解讀引進了台灣，並懷著使命感寫下這本豐富、精采、扎實，讓我讀來身歷其境、拍案叫絕又收獲滿滿的書。

深深的愛與光給所有的朋友們。

NAMASTE ！

▲謝明杰 《老神再在》作者

只要稍有涉獵靈性圈的人都會知道，各種與靈有關的術法其實不少。當 Keshin 初次對我描述納迪葉的神奇時，對奇蹟司空見慣的我，其實並沒有什麼太大的感覺。直到我在老大一連串的「提示」之下前往解讀。

解讀結果對我來說是欣喜與感動的。以往只有自己明白，也不足外人道的那個「不太正常」的自己，被一個素不相識的外國人，用濃濃的印度腔說出；尤其當自己父母的名字一字不差的被讀出時，我完全不懷疑它的真實性了。

許多人把納迪葉當作算命，但更真切的說，它更是一種幫助你深入認識生命本質並協助你面對的工具。不論葉子上對你的未來寫出什麼，都只是廣大可能性的其中之一。只有你願意真正的對命運承擔與負責，解讀的意義才算是存在。

恭喜 Keshin 在千辛萬苦中完成此書，作為她的好友，我自然當仁不讓的推薦。

▲ Dasha（天合中心創辦人）

　　自喻享樂天后的 Keshin 近一年埋首書寫，無論我如何以她最愛的美食循循善誘也不為所動。反倒 Keshin 這份純真與熱血撼動天地，讓那一捆捆乾枯凋萎的棕櫚葉（納迪葉）乾枯反茂盛——復活，並讓本書完成，蛻變化身為夜店出走的天使。

目錄

與納迪葉相遇緣起

2012 年 9 月從馬來西亞回來，至今仍在震撼中……

這趟吉隆坡之行是我此生最震撼的旅程，找到了我的葉子，找到了我的根，更意外終結了我多年的靈魂之旅。

納迪葉是由超凡聖哲阿伽西亞（Sage Agathiyar）於幾千（萬）年前，帶領數位聖哲，以優美的古詩在棕櫚葉上刻寫下每個人的前世今生與來世、天文科學、醫療知識與哲學智慧。

自朱羅王朝中期（Chola Dynasty，西元 10 ～ 13 世紀），幾個世紀以來，納迪葉一直由當權皇室陸續整理複製並保存於南印泰米爾納度（Tamil Nadu）的坦賈武爾市（Thanjavur）。後來到了馬拉塔帝國時期（Maratha Empire，1674 ～ 1818），英國人入侵奪取，當中許多已遭損毀。英國人雖把很多有關科學、植物藥草等葉子帶回歐洲，卻把有關個人命運與議程的「納迪葉」拍賣給幾位天文占星家族，由於他們深知傳承納迪葉的重要，於是用心訓練出許多解讀師來，繼而代代相傳，讓艱澀難懂的古文得以不斷被現代泰米爾（Tamil）語詮釋。

地球上不是幾十億人口都能找到自己的葉子。最神奇的是，會想來找葉子的人，大部分卻能很順其自然的，在對的時間裡、在對的地點找到自己的葉子，而我，就是其中一個。

2012 年 8 月底，朋友到高雄辦活動時告訴我，印度有種神祕古老的納迪葉，可以看到自己的阿卡西記錄[1]；有位印度納迪葉解讀師人在馬來西亞，建議我去體驗。聽了我當下即興奮不已，一股強大的好奇心驅使著對靈性追求向來有著高度興趣的我，二話不說，便即刻預約飛往馬來西亞尋葉。

在決定前往馬來西亞後，上天似乎特別眷顧我，一路上開遍綠燈，讓我整

個馬來西亞之行得以通行無阻。原本排不進的預約，因有人臨時取消，兩天後即可解讀；而原定北京的機票也得以取消，改成「順路」先到吉隆坡；網路優惠還訂到緊鄰解讀室對街的旅館。整個過程短短三十分鐘不到，我已預好約、買好機票、訂好旅館。就這樣，我被這一股股的順流推上了馬來西亞上空，在隔天下午，順利地到達了吉隆坡國際機場。

到了當地，與聯絡人接洽後，隔日一早，我帶著強烈的好奇心與些許的質疑來到了解讀室，見到納迪葉解讀師古魯‧納塔吉（Guru A. G Natrajh），年紀輕輕卻有著修行者才有的沉穩與和藹的氣質。首先 Guru 指示我按左手大拇指指紋，再找出三、四捆各裝有近五十片納迪葉的木卷，接下來，我此生最震撼的體驗即將開始了⋯⋯

Guru 打開了一捆捆古老的納迪葉，與我素昧平生的聯絡人在旁當英文翻譯。這幾千年前聖哲阿伽西亞欲對我傳達的訊息，在 2012 年的今天，藉由一位印度的納迪葉大師，就此與我展開了一場跨時空的對話。

從第一捆開始搜尋，一片片的解讀，而我必須誠實且只許以「Yes」或「No」來回答，不得給予其他答案。一有不符我個資的葉子便跳過，再繼續下一片。

過了約二十分鐘，在第二捆葉子裡，當解讀師說出我父母親的名字時，我頓時愣住了！接下來解讀師竟清清楚楚的說出了男友的名字！！一股似電流般的寒顫從我身上穿過，我震驚到幾乎從椅子上摔下來！

正當我認定已經找到葉子時，為了確定是否百分之百是我的葉子，他繼而更說出了幾項我個人非常私密的事情，讓我「無所遁形」，並絲毫不差的告訴我，會在剛過 X 歲生日後看到自己的葉子⋯⋯我無法再說什麼，全身發抖，默默臣服的點著頭說：不用再找了，你說的這個人這就是我。

---

1. 根據維基百科裡的註解，阿卡西記錄（Akashic Records）又譯作阿克夏記錄，其中「阿卡西」一詞是由梵語 Akashic 音譯而來的，意譯為「天空覆蓋之下」、「空間」或是「以太」。是一種不可知形態訊息的集合體，被編碼儲存在以太之中。換言之，是一種非物理層次的存在（意即無法被知覺或體驗）。
阿卡西記錄概念早先為古代印度地區的賢者所知覺到，那時他們就已經理解，所有的靈魂或是 jiva、atma（這兩個名詞都是印度教、佛教或者那教專有的名詞，中譯不詳）或是實體記錄每一個瞬間，都被轉換成資訊記錄在某本「書」裡面。如果個體能夠取得有效的「調和」，就能夠接觸進入到「那本書」中。（可以想為「mindstream」的概念：所有的意識都有共同的源頭與終點。）

一片千年的葉子，如何清楚的刻寫著我的一切？！

一位千年聖哲，如何認識我並知道我男友的名字？！

聖哲阿伽西亞在西元前幾千（萬）年前，如何知道我將會在西元 2012 年看到他寫給我的訊息？！

在長達兩、三個小時裡，如同 google 到宇宙雲端資料庫般，把我的前世今生與來世（這是我最後一世），我的多次元靈魂維基百科，我的雲端宇宙阿卡西記錄，全部藉由泰米爾語下載傳檔給我！我不敢相信自己竟可以在三次元空間裡「ing」體驗了一個五次元的實相。

巧合的是，我到達吉隆坡的當天，正是我的主星日，竟然與濕婆神的主星日相同！每月每逢這一天，各大廟宇都會舉辦盛會來歡慶歌頌濕婆神。得知自己與葉子的相遇是如此受到祝福時，無不讓我為這一連串美麗的巧合讚嘆不已……

這次納迪葉之旅，原本只想知道自己的來龍去脈，沒想到聖哲阿伽西亞在我的葉子上，卻指示我要看父親的葉子。基於對家人的感恩與愛，索性把家人的納迪葉全看了，再次震撼到近乎癱瘓，動彈不得！淚流滿面的臣服於這股巨大無比的神聖力量中。

葉子裡的訊息鉅細靡遺的記載著他們每一個人的前世、今生與來世，當我被告知自己與家人前世的關係，知道自己為何可以如此義無反顧的捍衛父親時，我淚流滿面，情緒完全崩潰！整個人癱坐在椅子上，久久無法言語……葉子上並告知，我將以不同次元的方式繼續將愛進行下去……

幾度我起身到室外，只是為了確定自己還在西元 2012 年；幾次我嚎啕大哭，無不慶幸自己還能有最後一世，在每一個當下，有機會陪他們度過我所能給予的時光……

賈伯斯說：死亡是最好的發明。是嗎？我不知道，我只愛吃蘋果，對於死亡我根本來不及怕，自己從未想過要離開這裡。若知道明日即將要走，我會如何過日子？我的答案是：Do exactly what I am doing right now.（做我現在正在做的事）。

我沒有宗教信仰，對基督教的「罪」與佛教的「業障」教誨與修復方式一向不太認同，這一個震撼的體驗卻徹底的感動了我。雖然我仍對任何宗教沒有興趣，卻對「Karmas」（正負因果循環）有了見山還是山的領悟。

　　對「Karmas」的理解，讓我更積極的面對人生，而非消極的卑微自己，讓我能以一個更正向、更負責任的態度，來化解我曾經傷害過的人、事、物，而在宇宙間得以正負得「正」的，把這股昇華的能量揚升成為一個美好的祝福。

　　有時聖哲們在關鍵時刻，還會透過解讀師主動提供「祝福篇」（Asi Blessing Canto）給有些人，繼而引導他們勇往直前。在這次旅程中，碰巧讓我聽到阿伽西亞送給兩位朋友的祝福；令我感動的是，在我的「靈性篇」（Spiritual Canto）裡更透露，以後我也將會收到他所給我的訊息。另外一項收穫是，解讀師每半年才解讀一次的「世界篇」（World Canto），碰巧我也剛好在那裡！

　　幾十年了，我走了一段很長的路，體悟到：沒有什麼是冤枉路，它就是我自己必走的一條路。頓時我領悟到，從洛杉磯的山達基、哈爾濱的接靈、泰國的白龍王、亞布力的宇宙天語、大連的外星訊息、北京的道家辟穀到智利的瑪雅，幾乎沒有一個是響亮喊得出口的苦修法門，但它們確是我一路上可以乘涼的大樹，讓我得以在它們的樹枝上找到一片屬於我的葉子。

　　從無奈自己的沒力，氣憤自己的霉力，到找到自己的魅力，這次感謝好友J熱心的推薦，也感謝自己的好奇心與熱情。或許有很多人已各有適合自己的方式，但容易質疑的我，卻非得要聖哲們以古老的語言，橫渡跨越幾千年的時空，來與我進行這一場現代式的對話。

　　納迪葉刻寫的不是一個幾乎神準到99.9%的預言，而是一個100%記載著獨一無二的我的事實，它是我靈魂旅程中最震撼的體驗。

　　我不是心靈老師，一直不知道修行是什麼，我只知道自己還在震撼中，我要把我的體驗分享給各位，更要把納迪葉介紹給大家，讓我的震撼成為你的震撼。

　　與納迪葉相遇是一趟靈魂尋根之旅，某種程度上，它終結了我多年尋尋覓覓的困惑，對自己周遭所發生的一切好與壞，有了一個很3D的了解。

此時我仍在震撼中，我無法保持沉默，更無法不與大家分享。如果我的故事感動了你，或許不久的將來，我也將會被你葉子上美麗的故事感動。

Keshin

circa2012, Planet of Earth

Part 1
尋葉嬉遊記。

一個與神一直對不了話的西化華人
在馬來西亞與自己的葉子相遇之後……

一、看見生命藍圖

01

　　認識 J 有三、四年了，這幾年來一南一北，幾乎沒有互相聯繫，期間偶爾會收到他寄來的活動通知，常常介紹國外許多光與愛的工作坊。當時南部少有什麼靈性課程，往往被生活 K 的差不多了，我就會到台北參加一些課程來蓄蓄電，然後再回去過日子，等耗到下次電源不足時又再北上充電。

　　2011 年底，當時身邊發生很多不愉快的事情，朋友請我來參加跨年靜心晚會，碰巧當天 J 也辦了場活動，後來我陸續又參加了他主辦的工作坊後，兩人才又活絡了起來。

　　那段期間，我過的很不愉快，偶爾與 J 聯絡或見面時，話題都是圍繞在這三年生活裡天天上演的高收視率連續劇、每一檔高迭起伏的劇情為何等等。我與 J 有特別的連結，兩人同樣都是家族企業鐵打第二代（我是「被鐵打」第二代），因此 J 常感同身受的以過來人的經驗，分享他一路上走過的心路歷程，所以那些日子，他不定時的都會接到我這個南部的「肖查母」，打電話來怒罵著自己現實生活中這檔又臭又長的歹戲。每次在聽他講完掛完電話後，心裡總是感到踏實許多，所以隔天又可以在上完妝後馬上又入戲，再度繼續配合演出這與家人上輩子早已簽好合同的戲約。

　　J 像極了我一位親人。這幾年來，與這位親人頗為交惡，見了面更常常針鋒相對，火藥味十足，所以每每見到 J，就如同看到親切和藹版、一個不同次元版本的親人。一下子心裡百感交集，常藉此珍惜這得來不易、瞬間片刻愛的寂光殘影。

　　就在對這場戲越演越無趣時，我自己開始比較能從日常生活裡找樂子，平日點點滴滴的小確幸也越來越多，我們的話題已不再聚焦於家裡的種種風雲事件，反而常會與他分享自己近日的心境轉變。

　　再次見到 J 時，已是 2012 年 8 月底了。J 在高雄辦了一場活動，所以當天

一看到幾個月不見的J，便一股勁衝上前去抱著他猛親，宛如隔世未見，完全無視於他正忙著為即將開場的活動測音……哎呀，當然J早已習慣如此熱情三八的我。

當準備完畢，大家正在吃晚餐時，J坐下來與我閒聊，我也陸續與他分享著自己這幾個月來生活上的轉折。就在享受這愉悅的心靈交流時，J告訴我，印度有種神祕古老的納迪葉，據說可以看到自己的阿卡西記錄，每個人的前世今生與來龍去脈其實早都已寫好。他說，這個月會有個葉子解讀師在吉隆坡，他自己已預約下個禮拜就要去看，問我要不要一起去？

當時一下子記不得好像曾在哪兒聽過，不過聽他這麼一說，不知是不是基於對J的全然信任，或是為了自己找了一輩子一直找不到、卻又不知道到底在找的什麼東西似乎又有點譜……因此，一股特別的興奮感油然而生，起身恨不得立刻馬上跟他飛去。當時J語帶保留，覺得或許等自己親自體驗了，才好對我這個難搞又愛質疑的「恰查母」有所交代，於是對我說，最好等他看完回來再說。

幾天過去了，沒有J的消息，也不知他回來沒，計畫去北京的行程也等不得了，旅行社催著最晚明天一定得開票，心想：Oh well，順其自然，或許等我從北京回來再說吧！就這樣，埋頭收拾好去北京的行李後，上FB，就在這時，「敲敲然」的收到了J的即時訊息。

「Keshin！Oh my God!! So unbelievable……哇……太不可思議了！」J興奮地不停的敲著。

「怎樣？準嗎？百分之幾的準啊？」我馬上直接切入重點的問著。

「百分之百的的準！100% Accurate ！！」J中英夾帶的，非常肯定的說。

近幾年來，為了脫離困惑，到處尋仙訪友，算是走遍大半地球的我，什麼世界級的通靈命理師，又有哪個少見過？還未曾遇過會有什麼100%準確的呢！能有個90%的精準度，對我來說都已算是24K金了。所以聽到J說，是自己眼睜睜見證了一個100%的神蹟時，一下子還真不習慣。

在聽J分享了葉子解讀的體驗過程，說是如何連自己父母親與太太的名字

都說的出來時，又觸動了我尋找的動力，二話不說的要了聯絡電話，馬上就打電話預約，希望能趕在解讀師這個月回印度前，早早了了我這追尋了大半輩子的願望。

在與對方聯絡上後，因預約滿滿早已排不進，但看我誠意十足，於是就說，或許等明天中午再看看是否有希望。由於當時我到北京行程已排好，明早就得開票，除非馬上可以確定，不然就怕改不了。後來因自己太晚睡，隔天竟睡到自然醒，起來一看，時間都已過了十二點了。

我急忙打電話到旅行社，恐怕票已開出。而小姐則因疏忽而漏開了我的票，我馬上打給聯絡人 C，看是否預約有望，對方竟說剛好有人臨時取消，兩天後有個 Opening，可以排給我，還問我是否訂旅館了。原本 J 建議我住希爾頓，搭個十分鐘的計程車就可以到，C 卻直接給了我離解讀室最近、又新又實惠的旅館名稱，讓我不用費心搜尋，直接上網就可訂到。當下聽了我興奮不已，跟他說，我一定赴約。

掛了電話後，即刻打電話跟旅行社取消高雄到北京的行程，馬上改從高雄「順路」繞到吉隆坡後再到北京，而且明天就得成行。旅行社小姐也反常的停下手邊其他業務，積極的幫我重新安排明日飛往吉隆坡國際機場的機票。

原本不抱太大希望，後來不但馬上訂到，而且還因此撿到比平日便宜的票！上網訂旅館時又因特價優惠，也撿到了便宜。在前後短短不到三十分鐘的時間裡，我已買好機票、訂好旅館，就這樣在隔天中午，我被這一股股的順流推上了馬來西亞上空，下午四點半，順利地到達了吉隆坡國際機場。

02

一下飛機，就看到明確的交通運輸指標。原來，為了秩序，吉隆坡國際機場提供旅客貼心的機場計程車服務。在出機場前，旅客只要出示到達地址，服務台便會以行李大小與目的地，自動計算出統一價格與安排車子大小，以防旅客被亂敲竹槓；一人行只要搭乘小車即可，先繳完費用，再憑票排隊搭車。

在搭上前往旅店的車上，打了通電話給聯絡人 C，對方好客的一定要約我喝個茶吃頓飯，並約定一個小時後會到旅館來找我。

這一路上我興奮不已，想想三度造訪馬來西亞，機緣都很特別。第一次是跟著父母搭乘十六天的公主號遊輪，在馬來西亞海停靠一天海吃海喝的，當時一路上看到的景象，居然曾在夢裡見過！第二次是時代廣場集團有意創辦學校，盛情邀請父親前往洽談合作事宜，並高規格接待我們入住總統套房，老闆還親自接待我們住私人遊艇、乘私人飛機、遊私人小島，過了幾天天堂般的日子……沒想到在我三度造訪馬來西亞時，竟會成了我此生最震撼的靈性之旅……

車子不到一個小時就到達了旅館，旅館位於吉隆坡傳統美食街，這對熱愛美食的我，真是個福音！一向不愛觀光旅遊景點的我，卻總愛以嚐盡當地美食來充分感受異地旅遊的喜悅，所以一看到所住的旅館正座落於當地人常聚集的美食街時，特別興奮。Check in 後，對這簡單乾淨、地點又優的旅館，滿意極了！

卸下行李下樓到 Lobby，不到一會兒，C 就來了，約了我及他的朋友們，到解讀室樓下一旁的餐廳吃晚飯，還等不及我坐下時，就立刻滔滔不絕地講著葉子是如何如何的神奇等等。心想，我人都來了，當然是很想看葉子，但見他繼續不斷地講著，說什麼若不化解前世因果，人生將會如何如何不順等等時，我就開始不耐煩了。

我一向對什麼贖罪啦、做法會消業障啦等等宗教儀式興趣缺缺，總覺得，到底自己有什麼所謂的「業障」，又是誰說了算？以前在山達基做過無數的前世聽悉，也「看」過自己許多前世，但卻不斷質疑，這到底全是自己腦裡幻想出來的呢？還是真的「看到」了？這樣的質疑一直存在著。因為在我「看」到過的許多前世裡，我還曾當過武則天呢！

　　我以為自己不可一世，過去一定得是個 Somebody。但後來陸續在華人圈裡遇到有許多武則天、慈禧太后，要嘛滿清格格或文成公主姊妹們，男的有秦始皇、康熙或雍正，還有人拍著胸脯「保證」自己就是呂不韋哩！

　　西方世界最受歡迎的前世女就是伊麗莎白或維多利亞女王，還有柴契爾夫人，結果當時發現她還沒死！所以當不了，馬上又改當瑪麗皇后。（咱們這是法國的還是英國的？）男的最多的就是亞歷山大、林肯或是邱吉爾，偶爾也有華盛頓們，在歐洲最夯的非拿破崙莫屬了。反正這些叫的出名、且一定要得上盡人類歷史課本、個個重量級的大人物，全都在今世被我遇上了！想想自己有著如此豐厚的前世人脈，福氣還真大呀！

　　所以，對所謂的前世曾經是誰、又曾幹過什麼勾當等等，我實在沒興趣談論下去，這對我真是無解，無法真正讓我相信自己曾經是誰，沒有任何證據來證明這一切都是真的。我甚至開始質疑，人到底是否真的有前世？於是在與 C 吃完晚餐後，習慣的失落感又再度造訪我困惑的心。回旅館後打了電話給 J，抱怨聯絡人 C 居然「淺」到還在談因果、消業障的 Level，自己這幾年看這麼多的靈性書籍，對因果論這種說法，早已「超越」了。

　　我劈哩啪啦的，就把剛剛的對話又重複對 J 說了一遍，開始覺得自己是不是又會白忙一場，還對 J 說，明天不想去看只會做法會、消因果的葉子了……他勸我先別發作，或許明天去了會有驚喜，再發威也不遲。

　　J 總是有辦法像大人一樣安撫著任性又神經質的我，讓我聽了感到安心許多，所以一講完電話，立刻倒頭就睡。我是個非常喜歡旅遊的人，往往到了異地不但不認床，反而睡的比在家裡還香。吉隆坡的第一天，旅店裡舒適柔軟的被子，讓幾個月沒出國旅遊的我，整整補足了幾天沒睡好的眠。

隔天的預約是早上九點半，我懶懶散散的拖到九點才起床，梳洗下樓時已快十點了。見到了 C，我說自己還沒喝咖啡吃早餐，沒精神看葉子。他有點訝異，看到當時消極的我，與電話上那高分貝熱情的聲音，簡直判若兩人！一向有話直說的我，當頭不客氣的對他昨晚的那一席話評頭論足一番，並說我不是來聽他講因果業力的，若只是這樣，家裡附近的廟很多，要消業障，隨便找個里長伯或廟公就能幫我化解，何必大費周章的飛來看葉子？

　　這麼你一言我一句的辯論著，一個半小時又過去了。這時解讀師打電話來問我們何時會到？我心想算了，人都來了，反正去看看，要是真不對勁，小姐走人就是。所以在喝完了一大杯 White Coffee 後，馬上又提起精神，準備再給自己與葉子一個機會。

　　走出餐館驚覺不妙，自己的筆電跑哪兒去了？這時才想到，早上下樓與 C 見面時，把它隨手放在 Lobby 的小桌上，現在都快過兩個鐘頭了，旅店來往旅客這麼多，醒目的 Mac Air 恐怕早已落難，尤其在這治安不算好的街上（C 一再提醒我，因附近搶案多，得處處留意自己的包包，尤其是靠菜市場那一段，是當地的紅燈區）。

　　我越想越不妙，趕緊飛奔回旅店，心想，怎麼一來就這麼不順啊？！沒想到眉頭還沒來的及皺，一到了 Lobby，一眼就看到我那心愛的 Mac Air 居然安然無事、毫髮未傷，靜悄悄地躺在桌上，耐心的等著它那糊塗的主子回來認領⋯⋯

　　「You are so lucky!」工作人員直呼不可思議！C 更搖著頭為我捏把冷汗。我雖然有點尷尬，心情卻再好不過，緊緊抱著筆電，開心地繼續跟著他過馬路，一路趕去赴約。

　　過了路口走不到一分鐘，到了一棟極不起眼的建築物，樓梯口堆滿了垃圾，一度以為走錯了，C 很不好意思，示意請我往狹窄的樓梯走上樓。

　　到了二樓隔著鐵門，我深呼了一口氣，對著門連敲三下。開門迎面而來的是個看起來像四十多歲的印度人，黑黝黝的額頭上橫豎著一條像是用粉筆畫過的白槓，雙眉中心點著一個大紅點，身穿著白襯衫，下面裹著一條長紅布，溫

和的眼神與親切的笑容，介紹自己是 Nadi Leaf Reader（納迪葉解讀師）Guru
Natrajh，並亮著雙眼、笑著對我說，自己已從早上八點半等到現在，正擔心著
隻身遠從台灣來的我，為何還遲遲未到？因為等到大小姐我氣消了大半，才決
定前來赴約時，都已快中午十二點了。

03

　　Guru Natrajh 請我們先進諮商室，C 跟我一旁坐著；因為我的延遲，為了有足夠的時間為我找葉子，他得打電話取消下午的預約。這時 C 拿出一本黃色空白筆記簿，翻至以英文印有滿滿一到二十項 Canto（篇章）的最後幾頁，首先問我想看哪幾篇（每一葉篇另外計費）。有些人或許好奇嚐個鮮，只是來「看看」探究個一二，那麼簡易解讀第一篇即可；我嘛則問題一堆，很多困惑與不解，既然都來了，當然要一口氣看個仔細看個夠。他們建議我可以探索細節版的「藍圖概略篇」（1st Sukshama Canto），會更鉅細靡遺的詳列此生的流年運勢；另外第十三章「因果篇」及第十四章「個人圖騰與吉祥物篇」也會同時一併告知，之後若想繼續探索人生其他面向，可再做安排。(參見 p.147〈納迪葉篇章〉)

　　看了這洋洋灑灑二十個項目，讓我倍感驚喜，幾乎每一項我都想看！這是我這一生最渴望的願望，雖然過程辛苦，但我算是個容易心想事成的人，只要確定自己想要的，大都會實現。但對於是否真的有可證實的前世，或跨次元的外星高靈在與我對話，又或者什麼是靈魂的聲音、自己內心的聲音，而什麼才是「頭腦」的聲音等等問題，卻一直沒轍，因此常常三心二意的。

　　回台灣幾年後，一度因許多剛出版的英文書籍在很短的時間裡能看到譯本，加上台灣書籍精緻又便宜，所以時常大肆採購，著實過足了自己的書癮；但卻也常因中文語法較英文相對抽象，可以不同字拼湊代表一個英文單字；加上譯者不同，尤其是「MIND」譯有心靈、心智、頭腦，而「SOUL」與「SPIRIT」又常譯為心靈、靈魂等語。所以往往看得似懂非懂的，什麼「頭腦」、「靈魂」的聲音，自己傻傻分不清。「SUBCONCIOUSE」花樣最多，有潛意識、無意識、下意識等等，所以有時在看完的當下，感覺好像找到了，但 High 了幾天後，因不確定而又意興闌珊，然後就再也不把它當回事兒的丟到一

邊了。

　　每個人對「SOUL」的體驗與領悟真的很不同，一些方法論總是因「我無法真正體驗」而說服不了自己，以致疏於執行；長篇大論的分析、再分析，只讓自己越看越虛。曾經還當過欠債連連的卡奴，花了近一棟房子的錢（是的，你沒聽錯），只為了靈性升級再升級，用盡一切心力來讓自己保持感覺良好，非得精明能幹，非得什麼都要贏。到最後發現，這樣的「靈性勵志成功學」只有把自己膨脹到最高點，讓自己驕傲的不得了之外，還到處以一副「已上岸」的高姿態，道貌岸然的漠視周遭的人、事、物。

　　這樣的心態，隨著我不斷花錢 Upgrade 自己一代又一代的心智軟體，持續了很多年。直到後來，居然慢慢想念起那個未升級前，那個純真免費版的自己，I miss myself, Really……所以，我又開始回到以前那樣，say what I mean, mean what I say（心裡有什麼說什麼），開始意識到，除了一個整天忙著對外證明自己很厲害的我之外，背後似乎還隱約住著另一個不同的我，而那「另一個我」，卻是和自己更坦誠、更親近、更舒服得多了。

　　所以我真的很困惑，我一直想搞清楚、弄明白，我要知道，所謂的「靈魂」指的到底是哪一個「我」呢？就算找到，那又如何證明這個「我」從古至今都一直存在著呢？所以，在每一個靈性理論短時間地滿足了我的知識欲後，內心深處那種不確定感與質疑，又會再度襲擊，讓我不得不繼續尋找、再尋找，直到找到我自己的葉子。

　　講完電話回諮商室，Guru 拿出印泥，指示我在一張白紙上連按三個左拇指指紋，C 則要我寫下全名與出生年月日、父母親及男友的名字。我一向多疑，曾經在北京看過高人，可以連名字與生辰八字都不須知道，就可看事，雖然沒有 100% 準確度；但這堪稱「純金」的納迪葉，居然還得要我的生辰八字，不免讓我當場質疑。

　　C 解釋寫下這些是給他自己看的，好讓他與解讀師在對照客人個資時可避免失誤，解讀師是完全看不到的（Guru 當時不在諮商室）。因葉子是以印度古

文刻寫，問事者來自世界各國，個個語系大大不同，若翻譯者自己不先寫下，在解讀師以泰米爾語與他對照人名時，有可能會因譯音上的落差而因此錯過葉子。這讓我想起在大陸看英語電影時，僵硬的廣播員中文配音，「Dear Mr. Maxwell」可以變成不親又不愛的「麥克斯維爾先生」……

給了指紋後，Guru 在紙上面畫了幾個圈圈做記號，再回內屋找葉子。不出一會兒，拿出三、四捆像是古代奏摺般的木卷，每捆各裝約三、四十片的納迪葉，坐下來開始了我的靈魂尋根之旅。

Guru 打開了一捆捆古老的納迪葉，由與我素昧平生的 C 在旁當英文翻譯，這幾千年前聖哲阿伽西亞欲對我傳達的訊息，在 2012 年的今天，藉由這位印度的解讀師，在此與我展開了一場跨時空的對話。從第一捆開始搜尋，一片片的對照，而我必須誠實且只許以「Yes」或「No」來回答，不得給予其他答案，一有不符我個資的葉子便跳過再繼續下一片。

「妳的名字是 Cashang Chun。」Guru 以發音與 C 對照著。

「聽起來有點像。」雖然發音有點不同，為了不要因譯音差異而跳過，我請 Guru 再核定其他事項。

「妳有三個小孩。」Guru 接下來以肯定語告訴我。

「No，我單身未婚。」我急忙回答著。

這時 C 提醒我，只需回答「Yes」或「No」，不要給其他答案。

「妳有三個姊妹。」Guru 跳過第一片葉子，拿起第二片，接著繼續說著。

「No，我有……」正當我要說出家裡幾個兄弟姊妹時，C 在旁趕緊再次提醒：「Just say yes or no please.」

「No，」我回答。

就這樣一片一片的對照著，每一片只要答案是「No」，解讀師問也不問的就會直接跳過繼續下一葉。

約過了二十分鐘，就在第二捆木卷裡的第三片葉子，當 Guru 說出我父母親的名字時，我頓時愣住了！為了確定我沒聽錯他的譯音，我請 C 再說一遍。C 鏗鏘有力的再次說出我父母親的名字：「妳的名字是 XXX，父親名字是

XXX，母親是 XXX。」雖然帶著口音，我的名字聽起來已幾乎是了，父母親的名字也相當接近。

我立刻坐直身，瞪大眼睛，全神貫注並肯定的回答：「Yes!」

接下來不需經過翻譯對照發音，Guru 竟清清楚楚的以泰米爾語，不費力的直接說出了男友相對簡易的全名。

「妳的男朋友是 XX ！」

「XX ？？！！」

「Say What?!」我不敢相信自己親耳聽到的。

Guru 清清楚楚、再次重複的說出了男友的名字。

簡直不可思議……一片千年、破損的古老葉，兩個完全陌生的人，在 2012 年的時空裡，一聲真實又熟悉的名字，響徹雲霄，幾乎把我整個人從椅子上轟了下來。

「妳在家族事業裡任管理工作，授業解惑領域。」

「妳的父親有幾次婚姻，在他第二次婚姻的三個子女中，妳排行老二，上下有兩個兄弟，與他們感情從小一直就很好，妳是家裡唯一未婚的。」

「妳曾在國外住過很多年，自己有過與藝術相關的事業，為了追求靈性，跑遍世界各地。」

「Yes!」

「Yes!」

「Yes!」

「Yes!」

驚嘆號！驚嘆號！驚嘆號！ Guru 一個接一個以肯定句陳訴著我的個人隱私，如同一道光注入我的宇宙雲端私人帳戶，一層又一層的破解了我的密碼！我的個資已嚴重外洩，我知道現在沒有任何一道防火牆可以擋得住，因為此刻的我已「無所遁形」……

如同電影《My Fair Lady》（窈窕淑女）裡，Higgins 教授為了糾正賣花女 Eliza 發不準的「e」音，一句又一句不斷地重複要她以正統英語唸出，卻一再

氣餒；而正當快放棄時，Eliza 突然開竅了，站起來以標準的發音，字正腔圓的說：「The rain in Spain stays mainly in the plane.」教授欣喜若狂的喊著對助理說：「By George，I think she's got it!」

「Natrajh, I think she's got it!」C 欣喜若狂的喊著對 Guru 說。

「On the plane!」

「On the plane!」

「On the plane!」

我欣喜若狂的唱著對他們說。

這就是我的葉子！這正是我的葉子！！我終於找到自己的葉子了！！

我震撼至極，無法想像！這完全顛覆了我這輩子所認知的一切！此刻眼前正在發生的，讓我無法置信！

一篇西元前千年的葉子，如何鉅細靡遺的記載著西元後 2012 現在進行式的我？這是我這輩子從來沒有過的體驗，而這就是我一直在找的「確定感」！再也不要告訴我，你覺得我前世曾經是誰，再也不要說看到我身旁有神、有天使或是有幾個護法，請你告訴我，在我現實的生活裡，活生生的、摸的著的有誰？我叫什麼名字？我現在在做什麼？我是誰？這就是我要的答案！這就是我要的「證據」！這就是我的索引！

04

　　確定是我的葉子後，Guru 小心翼翼地把它抽出，放在整捆葉片的最上端，左右各用繩子捆綁固定後，我拿出 iPhone 按下錄音，準備錄製我的「藍圖概略篇」。就這樣，聖哲阿伽西亞（Agathiyar）在千（萬）年後的今天，透過一個印度納迪葉解讀師，於 2012 年 9 月 11 號的午後，開始傳送給我第一個白紙黑字的跨時空訊息：

　　我 Agathiyar 在敬拜過恭敬的濕婆神後，今天傳達這個訊息給妳。這是根據妳左手的指紋來進行解讀的，妳的指紋在泰米爾文裡稱為「Mani Mantra Mahudaregei」，Mani 是珍珠，Mantra 是咒語，Mahuda 則是皇冠。妳的一生主要環繞在這三個項目裡：珍珠、咒語還有皇冠。

　　妳的指紋看起來就像是個戴著鑲滿珍珠的皇冠。珍珠得在深海裡才找的到，不是每一個人都戴得起，也不是每一個人都看得到它的價值；而咒語就是神的話語，所以是神聖、神祕的。如同皇冠般，妳會有一個備受敬重的一生，妳一生中將會累積許多珍珠，珍珠就是生命中有價值的東西，例如豐富的人生經驗以及知識與智慧，還有其他價值等同於珍珠的美好事物等等。等到妳累積了這些有價值的東西以後，妳在自身領域裡的身分與地位，將如同女王般的崇高，這就是妳指紋上皇冠鑲滿著珍珠的意喻。

　　妳有很特別的指紋，指紋裡的咒語是神賜予妳的祝福，印記在妳的靈魂裡；就算妳什麼都沒做，也會在妳的靈魂裡不斷散發，使得妳在這生當中，自然而然的會傾向追求靈性真理。妳會一直不斷的找尋真理，並不是每一個人都會如此，而妳卻會樂此不疲。在追求靈性的過程當中，妳會累積許多非常奇特、有價值的美好經驗，最終妳會完全走入靈性生活，很多靈性上奇特的體驗與智慧，別人不能領悟，妳卻可以輕易的理解。有這種指紋的人，一生中會有

崇高的身分與地位，會累積很多經歷與智慧，因此會擁有很大的勇氣，也會非常的固執。妳一生當中會有金錢、財富、名望、膽識、勇氣還有堅韌。

　　不管妳的生活形態為何，或是從事什麼工作，妳會像是個帶著鑲滿珍珠皇冠的女王般，別人很自然的容易聽命於妳；妳身邊幾乎什麼都不缺，但內心深處卻會有著莫名的恐懼，深怕不知何時將會失去一切。作為一個王者，雖然高高在上，卻得時常擔心鄰國有朝一日會進攻自己的城堡；女王會受到許多人民的愛戴，但也會有人反對。同樣的，妳心裡有王者那種無明的恐懼，因為有人支持妳，但也有人跟妳唱反調；雖然妳有智慧與勇氣，還有其他一些美好的事物，卻總是得要付出艱辛的代價與努力的付出，才能掙得一切。

　　妳會像女王一樣，身邊暗藏察覺不到的敵人。妳的指紋意味著妳注定是個女王，身邊雖然有愛妳的家人，卻因身負重任，得時時刻刻想著為民眾服務，因此完全孤立在自己的世界裡，無法享受一個正常的家庭生活，有時甚至不知何去何從。妳若不了解自己這些與生俱來的特質，不好好善用它們，就會白白荒廢掉。

　　妳的旅程有兩個目的：一個是靈性真理，另一個是愛，不止是愛情，還有對家人、大眾等等。妳的 Star Day（主星日）跟濕婆神一樣，所以妳與濕婆神的特質相似，雖然身邊圍繞著很多人，卻得一直「為民眾服務」，同樣的，妳也會跟祂一樣的有福氣。

　　說到這裡，赫然發現，昨天我來馬來西亞的第一天，居然就是Thiruathirai——濕婆神的主星日！每月到了這天，全世界各大濕婆神神殿，都會舉行盛大的慶典來為濕婆神慶生。這個美麗的巧合真是讓我倍感驚喜，原來自己的生日趴這麼熱鬧，不僅國際化，還跨次元呢！

　　妳的身體非常強壯，但偶爾有些小問題，例如頸肩、腸胃、皮膚等等。妳的耳朵戴不了其他金屬，只能佩戴純黃金，這會為妳帶來好運。妳身體燥熱，早餐可生吃泡水後剛萌芽的綠豆與小麥配以生薑；晚上睡前吃兩顆青蘋果，可

以幫助消化。每個月清腸，星期六禁食，否則會如同妳父親的皮膚一樣，外表好像被人打瘀了般，反應在妳的皮下，這是 Karma Disease（因果病），醫治不了。另外在妳「健康篇」裡，會有更多細節⋯⋯

妳是在印度曆 X 年 X 月 X 日星期 X 出生，（Guru 當場換算成西洋曆，日期完全正確！）當天九個行星位置個別在 XX（印度曆法六十年為一週期，九大行星：太陽、月亮、金星、水星、木星、土星以及羅睺星〔Rahu〕與計都星〔Ketu〕，有十二個星座與二十七個星宿）。妳會在剛過完 X 歲生日沒多久，看到自己的葉子，那時父母親也都健在。

父親有兩次婚姻，第一次婚姻裡有 X 男 X 女，第二次婚姻裡有 X 男 X 女，妳排行第二，是家裡唯一的未婚者。妳對婚姻的看法可有可無，妳有個男朋友叫 XX，沒有小孩。妳現在任職於家族事業裡的管理階層，授業解惑領域，父親名為 XXX，母親名為 XXX。妳的名字是 XXX，妳注定會出生在這樣的家庭組合裡。

Oh⋯⋯My⋯⋯Jesus God⋯⋯!!! 我幾乎整個人呆掉了，啊著嘴，睜著眼，全身動也不動地僵在 Guru 面前幾乎石化⋯⋯

三個禮拜前，家裡才轟轟烈烈的為我辦了一場生日趴，有的生日禮物還來不及拆；至於星期幾，我當場上網查看萬年曆，Bingo！千真萬確，「證據」全攤在我眼前！我的家庭組織，兄弟姊妹有幾個，聖哲竟一個也沒少算。最讓我嚇壞的是，有關我父親罕見的皮膚現象，完全只有家人知道，都多少年了，看遍了醫生，就是治不了。而更讓我聽了暈倒的是，我在高中時曾鑽過耳洞，卻因對其他金屬過敏而不停潰爛，又不肯戴俗氣的純黃金，一直載不了穿洞式耳環，所以無法保留耳洞，這也只有生我的老媽知道而已，沒想到我個資的最後一道防線在此刻完全崩盤！

句句親柔的泰米爾語，如同鋒利精準的雷射光直搗我的 DNA，每一組核苷酸密碼開始連鎖瓦解！句句如同咒語般順耳的泰米爾語，卻像巨雷般不停轟炸著我，頓時體內細胞，如同原本各自為政、散亂沒人管的地方官，在此刻全被

聖旨點名喝住般，乖乖一個接一個地歸隊排列站好，準備上路，一步一步前往朝廷跪拜天子⋯⋯

　　妳的指紋顯示，妳一定會過的像女王一樣，但女王該享有的一切，卻都與妳擦身而過；而做為一個王者所要擔憂的問題，妳卻得概括承受，這是因為妳的前世因果阻礙妳過著妳該過的生活。妳的靈魂已經歷過很多世了，我現在要告訴妳的是一個主宰妳今世的某個前世因果：

　　有一世妳出生在中國一個傳統的家庭裡，父母從商，當時家裡販酒、經營旅舍（終於知道自己的好酒量是打從前世父母就開始培養了），家境富裕，父母親只有妳一個獨生女，妳是個大小姐，非常好命，穿金戴銀，備受嬌寵，過著極度奢華的生活。身邊有很多傭人認真工作服侍著妳，但妳相當高傲，完全不將他們辛苦的付出當回事兒，並且對待下人極度惡劣。

　　妳還販賣下人，把幾個丫頭轉賣獲利，她們有的甚至不知道自己將會被賣走。（等一下⋯⋯這說的難道是某「特種行業」？）妳以販酒與賣女孩賺取暴利，因此變得更富有，但很多女孩的夢想就因妳一時貪念而摧毀了；許多男人在此花錢娛樂，沉迷酒精，丟下自己妻兒不管，造成很多怨婦對妳心存不滿（嗚嗚嗚⋯⋯真的是「X院」），因此有很多人唾棄妳的所作所為。尤其是這些女孩子，妳破壞了她們對美好未來的憧憬，妳自私的決定，一夜之間改變了她們的命運，造成她們對自己的人生有很大的困惑與不解。

　　她們心裡對妳有很大的憤怒與怨恨，這樣的負面能量，將會在妳再度投胎為女人的一生中啟動，鋪陳在某個人生階段，造成妳人生諸多阻礙與影響，使妳將無法擁有幸福的家庭生活，無法知道自己要什麼，無法顯化自己的夢想。身邊也會有敵人，還將會使妳容易困惑，讓妳走遍天涯海角到處尋覓解惑，迫使妳得辛苦工作，得不到認同與回報等等。

　　另外，有些行星運轉時的宇宙能量，對妳的磁場也會造成不和諧的影響。妳的其他人生面向的運程細節，都將在其他篇章裡細述，目前提到的是影響妳今生最大的某一個前世。以下是緩解的方法：準備XX，做 XX Puja（儀式），

在每月妳的主星日以及月圓日，要靜心祈禱……每月印度曆 X 日能量對妳不和諧，要吃 XXX。妳的個人圖騰是 XXX……

聖哲阿伽西亞洋洋灑灑的，將我不堪的前世全攤在我面前……最讓我訝異的是，居然這麼一個足以主宰我今世、如此重量級的前世因果，在這麼多年來五花八門的前世追溯裡，卻連一個影子也沒掃到過？！不免讓我質疑自己所謂看過的前世，是真的「看」到了？還是多少是因自己 Ego 裡有「大人物 Want-to-be」的虛榮情結？自己是否在前世真的是武則天？還是只是「哈」著想當她呢？是自己為了逃避對現實生活裡的不滿，從 Ego 所編製的顯赫前世劇本中，邊導邊演的幻想出一幕幕縱橫人類東西歷史的古裝英雄場景，好麻醉自己，讓自己感覺良好？

當葉子上提到前世因果對我今世的種種影響時，讓我驚訝不已！正如葉子上所說，我在美國時，確實有一段很長的時間感到自己一直像是個脫軌的急速火車，看似勇往直前，卻不知開往何處，完全不在軌道上：找工作一直無法順利，當了老闆更是辛苦，往往付出許多代價卻得不到相對的回報。明明野心很大，夢想一堆，資源也不缺，卻總是無端困惑，導致計畫常常無疾而終，要不就是得心力交瘁、苟延殘喘著才得以完成。

愛情對我更是一項高攀不起的奢侈品，好不容易買到手了也用不起，不容易遇到真心相對的異性；遇到好的對象，也在短時間內無預警的被三振，往往搞到自己狼狽不堪，甚至有長達七年的感情空窗期，一個男朋友也交不到。當時為了脫困，常找一些一步登天的勵志活動資訊，恨不得脫離當下不滿意的生活。

後來又接觸山達基，在一個接著一個短期興奮的心智快感裡，暫且可以讓我逃離現實生活裡那種完全不對味的殘酷。為了維持那份高潮，信用卡一張接著一張的刷爆，相信不斷以高價升級更新我昂貴的心智軟體，終究有一天，可以換新那個遠離理想中的自己；相信到了那一天，我將會擁有超凡的魔法神力，創造出花不完的錢來付清一切積欠的債務，並從此跟著王子永遠過著幸福

快樂的一生……

　　葉子上指示我，必須先到濕婆神（Lord Shiva）面前點三盞燈後，再回來做Puja（儀式），之後才好繼續把葉子看完。我是一個無宗教信仰的有神論者，不認為有哪個神會比哪個神更神，對東西方任何宗教性的神祇與儀式一概陌生，我甚至不知道誰是濕婆神。但在這整個震撼的納迪葉前世今生解密過程中，something happened……我多年來內心種種對前世身分的猜忌與靈魂是否永生的質疑，那份不確定感突然消失了！

　　我說不出什麼偉大的人生頓悟感言，只是感到好像剎那間撬開了翱翔宇宙千年後終於找到的潘朵拉盒子，好像瞬間解開了不可能任務裡誤闖次元邊界時僥倖偷到的靈魂 DNA 密碼，我甚至看到了盒子被打開時瞬間飄出的神祕煙光，我甚至聽到了解碼時瞬間鬆開的解鎖吭聲。我的心裡突然有一種很扎實的篤定感，令我毫不遲疑的，想飛奔去與在我生命旅程中看似心想事成的種種巧合與奇蹟背後那股推波助瀾的力量連結。此刻我對這個說不上來的巨大力量，有了強烈無比的信任，有種痛哭流涕的感恩……

　　由於廟宇下午不開放，而我對任何廟宇膜拜儀式都很生疏，更不用說要到一座完全不熟悉的印度神廟了，於是約好晚上再請 C 與我同去。趁此把剛剛葉子上一堆陌生的印度祈禱文、主星、印度曆日期一一再向 Guru 問清楚。對照正確的西曆時間表，頓時對這神祕陌生的印度曆充滿了好奇，一直不停的問下去，Guru 只好不厭其煩的，為我這台灣來的嬌客上了一個小時一對一的「Hindu Calendar for Dummies」（印度曆法初階傻瓜班），直到 C 來電叫我下樓一起赴廟。

　　馬來西亞有很多印度人，所以吉隆坡到處都有印度廟。記得在洛杉磯曾與印度好友去過一個全白的廟宇（寫書之際回想起來，居然就是聖哲巴巴吉〔Babaji〕廟！）只記得當時要先脫鞋赤腳入廟。這讓我非常喜歡，覺得光溜溜的腳走在乾淨的地上、點著油燈接近神明是件很美的事。

　　濕婆神神殿位於解讀室旁的一個停車場轉角後面，在前往神殿的路上，一幕幕往事開始在我心裡倒轉快播。我邊走邊思索：到底是我創造了過去的一

切？還是在不知不覺中，天天過著寫好的劇本，自己卻渾然不知？還是我就是祂，祂就是我？還是根本一直是我與祂，攜手共創了我的、我們的一生？……

當晚我與 C 來到了濕婆神神殿，廟內點著許多油燈，沒有刺鼻的煙香味和穿著暗淡無彩袈裟的尼姑與和尚，也沒有嚴肅冰冷的牧師與修女；看著色彩繽紛、造型生動的神像，讓我感到放鬆又愉悅。濕婆神像前，有個赤著上半身的法師，C 讓我把三個盛有黃油的瓦碟呈上，並說出自己的名字與主星。我上前點燃了三盞燈，所有之於我的過去、現在與未來，全聚在這一刻明亮裡。法師唸著我的名字，接著把三盞油燈往神像面前的一塊大黑石繞了三圈。

這是我這輩子第一次與濕婆神相見，今晚在我們共同主星的光輝見證下，我緊閉雙眼，雙手合十，全身顫抖，滿臉是淚的跟著法師唸著：

「Om Namashivaya……」

05

　　見過了濕婆神後，回到解讀室時已是晚上八點多了，Guru 為了不耽誤我在馬來西亞停留的時間，說服 C 留下來為我翻譯，繼續解讀我「藍圖概略篇」的後半段：

　　一直以來，妳的前世因果使得妳的想法與行動背道而馳。從今年看到葉子開始，妳的生活將開始轉變，妳的夢想將開始顯化，妳的夢想將會成真，妳的話語將會成為實相，妳會常和幸運與奇蹟相見。

　　妳有孔雀與公牛的特質：想法與野心如同孔雀一樣，多彩燦爛；膽識與勇氣如同公牛一般，堅韌不拔。但是妳的因果卻使妳像隻沒有翱翔過的孔雀一樣無法高飛，像行動緩慢的公牛一樣又吃又睡。妳以前不了解自己的特質，所以妳走遍全世界到處尋找自己，卻一直無法解惑；但妳在看到葉子後，會開始了解自己，妳會接受我的指引，化解前世因果，兩年後，妳身上的孔雀將會帶引著公牛展翅高飛……

　　接下來，從看到葉子那一年開始，聖哲將我每年的運程、好與壞、興與衰、我一生的藍圖、我前世因果與行星運行的綜合負面影響，我在哪幾年哪幾個月份要特別注意，東西南北哪個方向適合我發展，哪個領域適合我發揮個人特質，哪些顏色頻率與我的能量和諧共振，哪些金屬要迴避，甚至直到我這輩子離開人世的最後一天，鉅細靡遺詳述的清清楚楚明明白白……聖哲直言不諱的告訴我將會在幾歲、第幾個月的上半月，當月亮夜宿於哪個星宿的前後一兩天，會因身體某個器官出狀況而離開人世，靈魂將會從哪個部位離開身體等等。聖哲並告訴我，若從現在開始就遵守指示，開始改變飲食習慣、勤做呼吸瑜伽、持續唸誦咒語等等，就會再多出幾年生命……

龐大的資訊流量頓時快速轟炸下載，一下子令我難以消受。正當我還來不及反應自己還有幾年可活時，Guru 笑著深呼一口氣，接著低著頭看著葉子，繼續對我說：

　　在這之後，我的女兒，妳將不會再回到地球了，妳不會再有來世，妳將會回到濕婆神的腳下與祂在一起，這輩子不會有什麼讓妳擔憂放不下的，因為這就是妳的最後一世！

　　Who What Where？？最後一世？？？我腦袋裡突然一片空白，接下來腦海裡浮現的，不外乎是個個看起來淡定又有修為的宗教大師們的影像，我這麼一個愛美、貪吃、任性、脾氣又大的大小姐，一個又貪又嗔又癡，只愛保養、不重視修養的享樂天后，天界怎麼敢收養啊？你確定？

　　所有妳前世裡造成的遺憾，都會在今世成為妳得面臨的問題，而妳會從解決問題，一問再問的問著問題，從不斷思考人生中產生質疑，然後深入探索質疑，並經由體驗的過程當中，找到所有的解答，妳會有一個很棒、很精采的人生！

　　一直以來，我常常抱怨自己的處境，覺得自己根本不屬於這裡；覺得自己一定是外星來的，覺得自己跟這裡的人不一樣，覺得或許有一天，我的星球會派來一架太空船，降落在我的陽台上來把我帶走……如今這艘太空船果真降臨在我家門口了，而十八位高靈聖哲們正敞開太空艙大門，列隊迎接我登機！一下子讓我興奮尖叫到讓自己三次元的肉身無法承受，我已被機艙內散發出的宇宙光眩暈了，我當然隨時想走！但，就在起身入艙門時，我開始放慢腳步，不斷地回頭看，發現自己似乎已經沒這麼急迫的想踏上這條閃閃發光的水晶走道了……

　　我萬萬沒想到，當我好不容易進到了跨次元的門，找到了傳說中的阿卡西

記錄後，看到的居然是自己最後一集完結篇！頓時全身一陣寒顫湧了上來。我突然有一種想哭的感動，有種驚喜，有種釋懷，同時也有一種捨不得的眷戀與感傷。這突然批准的「外星簽證」對我來說，不像是個無期徒刑的「大赦」，反倒像是個流連在遊樂園裡的老頑童，雖然刺激感已不多，但興奮感仍在；在坐過 N 遍的雲霄飛車後，還跟著人擠著排隊續搭，而就在排隊等候時，因超齡被管理員當眾請出列，當下有種老來俏愛裝年輕的窘態，但卻在摸著頭走出隊伍時，又可以聳聳肩的丟下一句：「So what!」（那又怎樣！）有種不排斥再搭、卻也可不搭的灑脫與泰然。

解讀完「藍圖概略篇」後，我告訴 Guru，決定把自己其他葉篇全看完！我要把這個剛認識的自己全看透了，我打算把原本計畫兩天後到北京的行程無限期的延後，直到看完自己所有的葉篇，因為此刻已經沒有任何事比看我的納迪葉更重要的了。

跟 Guru 約定了明天解讀的時間後，離開了解讀室。我忘了自己是怎麼走回去旅館的，好像整個吉隆坡全收錄在我眼前，意識異常的清楚；卻又感到自己不著地的飄在上方，輕飄飄的把我的身體帶回到房內，我有一股想從我的身體掙脫掉的感覺，坐在床邊回想著今天所發生的一切。回神後我迫不及待的打電話給 J，打電話給男友，我甚至想打電話給我最想殺掉的敵人，並告訴他我愛他！

在兩個小時的國際電話裡，我把今天解讀的過程，從頭跟他們敘述了一遍。掛上電話後，整個人振奮到不行，馬上把今天的錄音拿出來聽了又聽，對照抄寫的筆記補充來不及記下的訊息，不想漏掉任何精采。

想起今天 Guru 提到的那位納迪葉聖哲阿伽西亞，對祂與整個納迪葉的來龍去脈充滿了好奇，於是迫不及待的拿出筆電連線上網，在 Google 搜尋列上打著「Nadi Leaf」，往 Enter 鍵上一按，我的好奇心被推入了七彩繽紛的 Wi-Fi 能量場域，電波瞬間將它傳送到一個浩瀚、前所未見的宇宙時空。「Nadi Leaf」成了我第一聲的「Hello」，敲響了一扇通往聖哲世界的大門，就在那一刻，有人聽到了，有人過來開門了……

從此，「Nadi Leaf」成了我這輩子最深的連接。

2001 年的 911，美國兩座永久地標、人類堅固的文明實證，被兩架飛機炸毀，一夜之間從地平線上消失了。11 年後的 911，一片刻寫著跨次元訊息的葉子，摧毀了我這輩子對「靈魂永生」不可動搖的質疑。在我被剷平的心智地平線上，彷彿出現了一道曙光，瞬間一連串曾經存在的過去，頓時像高樓大廈般，一棟棟的迅速豎起，在我的世界裡重新勾勒出另一個新的天際線。我眼前所看到的風景已完全改變，這是一場大毀滅後壯觀的重新創造。

今天是我個人歷史上的 911 事件，也是我這輩子最震撼的一天，因為今天，something happened……

黑斑宣言

不要恐懼黑斑的降臨而拒絕了太陽的索吻
它是太陽強吻你後　種在你臉上的草莓
是你們之間獨有的定情刺青
它見證了一段
你與太陽調情的曖昧關係
也參與了一場
你與紫外線交融的激情前戲

Keshin

二、馬拉松解讀

06

　　出國旅遊，我總愛混入人群成為當地人，盡情享受道地的傳統美食。

　　我再度為自己可以訂到這又乾淨又實惠的旅館而慶幸，而且位於吉隆坡傳統菜市場同一條街上，附近匯聚很多路邊攤小吃，這可是我的最愛呢！不了解我的人總以為，我一定是個非五星級不住的大小姐，朋友也往往被我可以與當地如此「合一」的本領嚇壞了。

　　我愛死了旅館旁這家咖啡館，不僅一早就有香噴噴的 White Coffee 可喝，還有各式各樣好吃的馬來西亞香辣麵食可吃。我不是個早起的人，但知道有杯溫熱的咖啡等著我，總可以輕易的把我從被窩裡喚醒。但今天比咖啡更讓我願意起床的，是解讀我的納迪葉。想到今天一定會有更多未知的驚喜等著我時，就興奮的不得了，所以就算昨天上網上到兩、三點，還是一早就開開心心的抱著裝有電腦、iPhone、筆記本的包包，到隔壁咖啡店吃了一碗辣咖哩米粉湯，喝了一大碗 White Coffee，在準備前往解讀室前，還把昨天的筆記看了一遍，再度沉浸在狂喜裡，開心的不得了！

　　迫不及待的過了馬路，走上樓梯，到了解讀室門口，興奮的敲了門，Guru 滿臉笑容的開門迎接我這個第一天赴約就讓他苦等了幾個鐘頭的台灣「鳴」媛。門一開，一陣未曾聞過的強烈撲鼻香，從室內迎面飄來，Guru 說這是一種香膏，一早做 Puja 時留下的，通常他一早就起身打掃，然後會在祭壇前持咒靜心，請聖哲祝福當天解讀順利。我很喜歡聽他說話的聲音，平穩柔和的能量，好像不管前世所犯的任何滔天大罪只要從他口中宣判，都會自動「從輕量刑」一樣，話語中帶著慈悲與溫暖。

　　解讀室不大，設備極為簡潔，整屋氣場與能量卻讓人感到非常舒服，讓我立刻忘了上樓前樓梯口那堆蒼蠅滿天飛的垃圾。一坐下，我馬上把筆記本、iPhone 及所有 3C 陣仗全擺齊了，等著 C 的到來。過了一會兒，C 像是個無頭

蒼蠅匆匆到來，為他的遲到猛道歉。三個人終於坐齊了，Guru 問我最想看哪一篇，我正為這幾年來身邊發生的事擔憂，對於目前的工作，不能說是討厭，只是我對行政工作一點也不熱衷，所以想看看是否會有其他變化，於是選擇從「事業篇」開始看起。

Guru 告訴我，要先找找看有沒有這章葉篇，有時候並不一定全有，隨後就到另一個屋內。不一會兒拿出一片葉，回到解讀室坐下，繼續為我解讀「事業篇」。

找到了主葉後，每個人約有其他二十篇的人生面向細節，分別被記錄在別的葉子上，因為內容單一，所以解讀的時間相對會省時許多。準備就緒後，我按下了錄音，開始了我第二天的納迪葉探索：

我 Agathiyar 在敬拜過濕婆神後，告訴她以下的訊息：

我先前已經告訴過她很多有關她的實相。她是個深受祝福的人，注定會有身分與地位；她若了解自己靈魂的特質，就會在事業上發揚光大。她所受的教育與後來從事的職業會完全不同，而且就算替人工作，也無法持久，因為注定會有自己的事業，會有很多人為她工作。目前工作的地方，是給予別人知識、智慧的殿堂，別人會因此受惠，她是個深受祝福的人，因此會有好日子過。

以下是師父與門徒之間的對話。

門徒：請問師父，對於這個人的命運，我有點質疑，因為您好像把她說的太好了。難道您忘了她的前世因果，還有行星運轉能量對她不利的影響嗎？另外，有人一天到晚在她背後搞鬼，給她一大堆問題，她可能會因此失去一切；雖然表面上她似乎什麼都有，但也可能會失去一切。要讓她去替人家工作，她做不來；要她去繼承家業，她也做不到。您為何不把這些全告訴她呢？

師父：我明白你所說的一切，我全都看到了，我仍會說她將會有一個很好的人生，是因為，她還是很受到祝福的，並且我已經告訴過她所有造成她今生

問題的所在，也給了她解決的方法了，只要她領悟，並好好遵從我的指引，一切都會好轉。

她在 X 歲會看到自己的葉子，找到有關她的真相，目前工作上所面臨的問題，原因雖然不出在她身上，卻會使事情看起來好像是她的事一樣。雖然她面臨了很多問題，但是她的靈魂深處，卻渴望過著像在前世般那樣的富貴生活，但也因為前世犯了很多的過失，影響到今世，所以現在工作上才會面臨很多阻撓。

當她想勇往直前時，會恐懼事情無法順行，同時顧忌自己的名聲會受到影響等等，這些擔憂與疑慮在兩年後的今天就會平息。我已經告訴過適合她靈魂特質的行業，她的財源與名望會從演說、寫作、諮商服務，另外她會漸漸對寫作、文學與藝術有興趣，並藉此以現代語言與大眾分享古老智慧、傳奇故事與個人經歷等等啟發人心……另外她還可以蓋旅館、醫院、養老院，任何可以容納人群聚集、居住，並提供服務等等的項目。房地產會是第三項選擇，適合副業，因為不是每次投資都會獲利……

說到這裡，不免又打了個寒顫。因為經常旅遊，我很喜歡觀察不同旅館的設計，幾年前突然有個想法，想蓋自己理想中的旅館，感覺自己就是很喜歡去做這樣的事，曾與朋友談過，想設計創意旅館，腦裡跑出很多影像來，但就只孵著夢跟一位朋友分享而已，未曾對外曝光。如今聖哲把它從我心裡說出來，真令人不可思議！！原來內心所愛就是最適合自己的啊！

說到演說與寫作更絕，從小我就很喜歡語言，自己很容易在短時間內學會新的語言，不管發音技巧或文法邏輯，對我都是件很容易的事。在台灣唸高中時，其他科目可以當光了，惟獨英文卻一枝獨秀，常在考英文時，「厚顏無恥」的以粗大的黑色簽字筆在自己的考卷上寫上正確答案，好「普渡眾生」，一直是同學作弊時的一盞明燈，不吝照耀身旁同學們的黑暗，慈悲的「超度」著他們血淋淋的成績。好笑的是有一次寫錯了，結果旁邊方圓十里的同學們一起跟著錯下去，把老師氣壞了！

英文演講更是難不倒我。有一次，在學校英文朗讀臨場抽籤比賽中被抽中了（大概老天收到了全班對我投射的集體願望），在毫無準備下，衣冠不整的狼狽上台，台下恨死我的修女們正等著看我出糗；沒想到上台，一拿起麥克風，立刻有如老美上身，一口標準流利的英文，轟動全場，狠狠的摘下了修女們萬分不願給出的冠軍。在她們眼裡，聖母瑪利亞是不可能給大鬧天宮的孫悟空任何恩典的。

　　後來到了美國，上大學時選修華人敬而遠之的進階英文 101，全班只有兩個東方人。其實當時認識的英文單字還遠不及在座的任何老美們，在第一堂自由寫作課堂上，老師竟把我所寫的文章拿出來表揚為全班最好的作品，後來我那位肚裡裝滿整本牛津字典字彙的柏克萊老弟，還託我幫他交出一篇「感性版」的〈麥克阿瑟將軍〉。

　　有一次在設計課裡，老師們要我們做出任何一個自己想要創造的商品，然後得說服當買家的評審老師們購買。同學不外乎做出種種立體產品，而我卻因怠惰，一直拖到交作業前三天，發現手上什麼材料也沒有，正愁著如何是好時，突然靈機一動，腦海裡跑出一個故事大綱，於是開始動筆寫了一個靈性科幻愛情劇本。當時我的英文還是無法運用自如，連打字都得朋友幫忙，但還是盡量把故事表達出來。

　　結果寫了三天，故事還是沒寫完，為了交作業，就在最後一頁以「待續」作為完成作品的交代。上台交報告時，只大約說了劇本內容大綱，就把作業交出去了。沒想到，幾天後，我的老師追上我，拉著我說，她一口氣看完了我寫的故事，一定要知道最後故事結局為何？我很愧疚的對她說我自己也不知道，那只是我為了交作業才邊寫邊掰出來的。她聽了好失望，還是硬要我當場想個結局版本好給她一個「交代」。後來我在創意部分拿了高分，因為老師們認為，我能在設計課裡想出個「劇本」這個項目，本身就創意十足，還鼓勵我，其實想法才是最值錢的。

　　這麼說好了：有那麼多的肯定，我大可好好發揮長處，在文壇上一展才華才是，不難想像我將會是個傑出的編劇家、導演或是演說家之類的。可是事後

證明，完全不是這麼一回事。這兩項天賦在我生命裡吶喊的聲音，漸漸越來越薄弱……

上大學之前，在美國唸高三，上了一堂戲劇課，老師要每個人演出自己剛起床的時刻，我一點也不緊張，很進入狀況的把當天很糗的實況演了出來。老師覺得，我竟可以在沒有任何培訓下，如此容易表達內心的感受，達到入戲的境界，所以鼓勵我去唸 UCLA 戲劇科，連教授都幫我找好了，而我卻在面試前臨時決定爽約，因此錯過了入學的機會。

我說不上當時心裡具體的想法，只是內心恐懼失敗，害怕被拒絕，覺得要讀這麼多莎士比亞文學，我也沒太大興趣，後來竟倉促的跟著朋友去唸個很炫的設計學院。我不是個手巧的人，要我天天勤勞的做出這麼多作品，簡直要我的命！那是我人生中最不快樂的階段。雖然後來撐著繼續走完，畢業後又自行創業，卻搞得我心力交瘁，一點也不開心。雖然搞出一點小成績，但我內心深處知道，這不是自己完全喜歡做的事，我只是在不知道自己到底喜歡做什麼的情況下，選了一個吸睛、可以馬上得到掌聲的項目，那個表面上別人認為「成功」的我，不全然是真正的我。日子就這樣昏昏顛顛的一直過著，持續了一段好長的時間。

美國式的教育很吃「勵志成功學」那一套，認為什麼事情只要堅持、自律，就會成功。當時的我是個無神論者，認為人定勝天，所以，每一次的失敗，更讓我自責自己的散漫，可是我就是打不起精神來天天為一個我沒這麼愛做的事振作；自問自己到底要什麼，更讓我絕望，就這樣一直停留在青少年那種不知自己要什麼的困惑裡，我的「青春期」因此延續了好長好長一段時間……

葉子的揭示讓我真正體會到因果對今世的影響。想起昨天聖哲所說的前世影響層面，對照起自己這一路上走過的心路歷程，尤其在感情與工作上，真的確實如此！諸多不可思議的巧合，看到了自己在人生十字路口，為何靈魂深處的渴望無法彰顯？一直以來認為是自律問題，可是為何在當下會無法自律？為何有些事根本沒有自不自律的問題，卻自然水到渠成、順利成行？有些當下又

會有股阻力使你無法自律呢？

　　接著聖哲把我將來在職業、事業的發展，從 2012 年開始，一年一年的細述：會遇到什麼樣的機遇，什麼形式，哪年會發生變化，有哪幾個月要注意，哪些方向的人會是助力等等。有趣的是，會得利的方向同樣也會帶來敵人，這似乎印證了中國人所說的「樹大招風」的道理。

　　「事業篇」約一個小時就結束了，由於葉子上提到我目前的工作，不免又把近來發生的事搬出來跟 Guru 和 C 抱怨了一番。於是 C 建議我看自己的「父親篇」，或許可以解惑；接下來再考慮拿父親的指紋，找他自己的葉子。於是我毫不猶豫的，請 Guru 繼續接著為我看第九篇「父親篇」。

第九篇是有關祖先與財產、有關你的父親，會告訴你此生財富為何，同時也會透露你的信仰、靈性論點，還有你有幾位指導上師等等。

Agathiyar 在敬拜過孩神 Muruga（穆如佳）後，以下是妳的訊息：

妳一生一直在努力掙扎中，犧牲自己的享受與快樂；妳一直不知道自己何去何從，覺得妳的一生空虛，妳很厭倦。雖然有些美好的事物圍繞在妳身邊，但在其中卻有些問題。從妳父方來的親戚們，緣分不深，同時妳也得不到來自上師們完整的祝福。

門徒：學生請教師父，您為何不告訴她，她得不到上師們全然的祝福呢？為何不直接給她答案？

師父：我了解你的疑慮，但這些都會解決，一旦她知道真相，會聽從我的指引，平衡她前世的因果，一切都會上軌道。

沒錯，此刻她的靈魂與心智確實處於這樣的狀態。目前她父親雖然還健在，但身體有些狀況，一直在服藥，但外表看起來還不算太差。他的特質如同公牛與母牛，母牛很溫和，不與人較勁，因為如此，只要有人對他很好，給予他愛，他就泉湧以報，心很軟；其實他有著陰性特質，深知因果循環，會觀察好與壞，通常選擇做好事，而且在他能力所及之處，給予施捨與幫助。當他覺得自己無法做到時，不會沾手去做；但是只要他想做的，他會義無反顧的勇往直前，膽識過人，而且一定做到。他很自豪，雖然嘴巴不說。

他喜歡給他愛的女性，可以是母親、妻子或是女兒。他對人很有同情心，但別人卻不會同情他。他是個節儉的人，只會把錢花在刀口上，懂得開源節流，工作起來勤勞的像公牛，生氣起來卻像條蠻橫的水牛，這樣的人內心一直有隱憂。他以公牛的韌勁來衝刺事業，而別人卻把他當成任勞任怨的母牛一

樣，處處讓他操煩奔波。牛負責開墾荒地，但到最後也只能得到草跟水，所以得到的相對會很少，而當他想要人幫忙時，別人卻不太會給予助力。

他身體上的問題主要是在XX上。此刻他的靈魂議程裡的人生拼圖，就是在平衡前世因果當中，他的皮膚看起來好像有很多瘀青，因為此刻他正在承擔；但如果妳將他的指紋帶來看他的葉子，然後XX，那麼他將安然度過。

他注定會長壽，因為這是他的福氣。妳好好為他祈福，就會有好結果。當他離開人世時，他將會是人們心中的傳奇，子孫們將以他為榮，人們將會歌頌他。妳有能力幫助妳父親，一旦妳做了這個決定，他得XX，要謹慎。

最後這片葉子的訊息將以一句話劃下句點：做為妳前世的師父、今世的父親，他將給予妳全然的祝福，他的靈魂會一直不斷守護著妳、祝福著妳，永恆的，為妳送上祝福……

……崩……潰……

一直以來，我以為我是父親前世的情人，萬萬沒想到，我低估了他之於我的一切，遠遠高於一個情人：他是教我、養我的恩師。

　　今天上午一口氣看完了兩篇。結束時，想到解讀前 C 建議我可以幫父親找他的葉子，而在我的「父親篇」裡，聖哲竟然就直接告訴我，要拿父親的指紋來幫他找葉子，而且我有力量改變父親目前的困境。真是不可思議！簡直就像考試前老師先把答案直接告訴你那種感覺，所以有了預知會拿滿分的信心，於是解讀一結束，馬上就打電話給老爸，要他今天務必將指紋寄來給我。

　　Guru 問我對於今天的解讀有什麼疑問？說實話，我還真來不及消化這兩天的內容。想到葉子上龐大的訊息，有很多極度生疏的印度眾神，還有祈禱日需要準備的東西，這對我來講，可是一個完全陌生的世界。

　　說起印度，其實我不應該陌生的。在美國時，我最好的朋友 Sharmila 就是個不折不扣的印度人，不論長相、身材與腦袋都是一流的；奇怪的是，我們因為太好了，我一直沒感覺到她是印度人。雖然黝黑的皮膚、標致的線條與突出的五官，一頭黑溜溜的長髮，十足印度小姐，高度也跟我明顯的不同；可是感覺上，我們卻像是對雙胞胎，不僅吃喝玩樂一天到晚耗在一起，就連罵起人來也是一樣的彪悍。我們有個共同的好友是洛杉磯黑人基督福音教會裡的牧師，就連在他面前，兩人也沒少飆過髒話，因此曾封我們兩個寶貝為「Face of an angel with the mouth of a truck-driver」（看起來像天使，說起話來像個卡車司機）。這聽在我們耳裡，可是個讚美哩！耶穌的子民到底有慧根，真是懂的欣賞東方神奇啊！

　　後來我回到台灣，裝潢家裡時，買的家具幾乎三分之二全是來自印度，就連鄉下農家用過的桌子也不放過。之後接觸靈性圈的朋友，發現幾乎一窩蜂的都到過印度朝聖，朋友也拉著我去，只是我實在對集體朝聖這檔事兒沒興趣。但我這個為了追尋靈性、風塵僕僕的跑遍了全世界的「神棍」，怎可能不受到她的召喚呢？

前年有朋友力邀我去印度，還提供商務艙與五天的五星級住宿，順便要在印度為我慶生。因為都是商務人士，我想一定不會跟著我壓馬路、深入當地吃路邊攤才對，所以後來作罷；想到若只有待在旅館「榮華富貴」，大家真不必這麼大費周章。所以說起印度，怎該陌生呢？印度這個烙上「靈性」與「開悟」刺青的國家，困惑的我怎可能從沒去過呢？完全不合邏輯啊！可是就是這樣，不是去的目的不合我意，就是時間不對，或是沒有什麼動力能啟動我去的興趣。

　　直到這次來馬來西亞解讀納迪葉，聽到這些印度名詞時，才開始接起我與印度的緣分。正當 Guru 要為我講解印度神祇時，門鈴響起，有位客人從遠方而來。開門進來時，陣容浩大，身旁跟著兩位門徒，是一位頭上裹著白巾的錫克教大師，身如松柏，氣宇非凡，臉上蓋滿了大鬍子，兩橫霸氣的濃眉，卻掩不住一雙慈悲祥和的雙眼。他慕名而來，想找他的納迪葉，順便要請教 Guru 一些有關修行的方法。

　　兩位印度大師相見歡，互道寒喧。Guru 介紹我是從台灣來的客人，錫克大師滿臉慈祥，謙卑有禮的恭喜我與真理相遇。當下這一幕觸動了我：一位傳統宗教大師竟可以如此放下身段，不排斥異教，態度自然誠懇，看了令人佩服。看著 Guru 與他親切的交談，英雄惜英雄的互敬，更是感慨萬分。

　　這兩天下來接觸的 Guru 親切有禮，頓時很難讓我把他跟一般腦海中看過的修行大師聯想在一起，因為實在太年輕了。如今來了一個完全符合心中印度大師形象的人，竟是親自登上門來拜見納迪葉聖哲，請示納迪葉大師，不免讓我覺得自己未免太「小看」他了吧！

　　當我做自己有興趣的事時，我可是個高度有效率的實踐者。我的一大本領就是破釜沉舟的執行力，我會想盡辦法在短時間內不是請人幫忙、就是不怕生的到處問人找答案，所以央著 C 來幫我找齊這些東西。C 說剛好這附近有個「Little India」的印度城，他人緣極廣，可以親自帶我去，於是我們一起離開解讀室，徒步走到 Little India。

　　Little India 位於火車站前的一條大街上，兩旁充斥著印度商品與餐廳。連續兩天飽受重量級的訊息「轟炸」，突然「轉移陣地」的到這熱鬧的 Shopping

大街，哦耶！還真讓我心曠神怡！放眼望去，每一家小吃，對我來說都是一項「救贖」，恨不得自己像牛一樣，有四個胃好嚼盡這一路的風光。

Rudrasham，是一種果核，有兩面、四面等等，大多用來做成念珠，葉子上要我找的是比較罕見的五面 Rudrasham。C 說畢竟這裡還是馬來西亞，而這種果核「印度道地」，要找到印度攤販才買得到，但大街上警察抓的緊，他們平日不一定會來這裡。當我遇到這看似沒譜的事兒時，通常會先大吃一頓再說，這是我困難時的「化解儀式」，因為不管結果如何，一頓異國美食總可加持我的勇氣，讓我勇往直前才是。

我點了一碗咖哩蝦，一片 Capati（麵餅），當然還有不可不喝的印度奶茶 Cha。飯桌上跟 C 聊了又聊，想起剛到吉隆坡當天他對我說過的話，當晚還差點把我氣回台灣，如今想起來格外諷刺，頻頻對他所談的個人因果認同不已。大概以前因為沒有任何證據說服自己所犯的因果為何，在半信半疑中，很難讓我心悅誠服的願意做任何改變吧！

吃完飯，我們過街走到攤販常常出沒的騎樓，果真如 C 所言，今天沒看到他們，所以只好繼續陪我到一家印度百貨商店完成我的 Shopping 清單。

一上樓看到一大堆印度祈福祭拜用品，還有很多神像，我像小學生學單字一樣，拿出我的筆記本，把葉子上說的那些印度神名，一個一個對照，選了幾張亮晶晶的 Shiva、Lakshmi、Muruga、Ganesha 圖像，想像自己在家要來布置一個印度祭壇……那可有意思了！所以又買了油燈、燈芯，還買了綠豆、小麥，好即刻實行葉子上聖哲給我的食療處方，因為覺得，綠豆泡水發芽這麼簡單的事，何需等到回台灣再開始呢？在旅館內輕易可以做到。C 在旁以很讚賞的口吻稱讚我，笑著誇我一定是個女強人，行動力十足。他所不知的是，若對方不真有兩三把刷子讓這個女強人佩服，要她這麼臣服，可沒這麼容易呢！

一整個下午，我們幾乎都泡在商場裡，裡面商品琳瑯滿目，實在讓人愛不釋手。我偏愛各式各樣的油燈，尤其是站立式的銅製油燈，但除非是海運，不然絕對沒辦法提回台灣。這時 C 告訴我，何不親自去一趟印度採購？十月他可能會跟 Guru 回印度去拜九大行星廟，問我要不要同行？當時或許只是隨口說

說，我卻把這話聽了一半，不知不覺，印度行在我心裡已開始萌芽……

　　逛完商場，告別 C 時，已八、九點了，我買了一堆東西，一路提回旅館，往床上一丟，就提著包包走出旅館到外面美食一條街。走沒兩步，看到隔壁一家印度素食館，開敞的大門，明亮又乾淨，再滿意不過，一坐下來，翻遍五、六頁的餐點圖片，哇！開始又想變成一隻牛了……

　　因為快打烊了，餐館只剩下蛋炒飯與蔬菜湯。我是個極度不挑食的人，很少有食物放在嘴裡被我嫌的，若是有，那家餐館一定會倒閉，所以當晚完全不介意沒吃到任何印度菜。

　　一會兒熱騰騰的蛋炒飯與蔬菜湯上桌了，不同於台灣的做法，除了永不失敗的雞蛋，馬式／印度式的佐醬與香料一點也沒少放，有放味精的湯又怎樣？毫不影響到我「海納百川」的「愛之胃」。吃完了走出餐館，「夜行性」的我怎麼可能回旅館睡覺？於是走到隔壁那家我愛的咖啡館，坐下來，叫杯啤酒，迫不及待的拿出了今天的筆記，再度栽進了今早那場師父與門徒的對話裡……

09

今天早上約好九點半解讀。在看父親的葉子前，Guru 問我是否有其他葉篇想看？當時我還是為近來的事擔心，這幾年經歷許多風風雨雨；我想先了解這些面向的後續發展為何，想先看第八篇「壽期／意外事件／官司篇」。所以 C 一到，Guru 把找到的葉篇拿出，按下了錄音，準備接收聖哲葉子上的訊息（個別葉篇原本是以師父與門徒對話的方式進行，但這葉篇卻全是聖哲阿伽西亞一人言，直接給予以下訊息）：

妳的靈魂繼承了許多前世的因果，還有行星運轉對妳產生的負面影響，另外還有人在妳背後 XX，這種方式會影響到妳的父親以及與他有關係的人。

這種負面能量會阻擾妳，同時妳的家人也會受到影響，……使得你們毫無進展，不管你們多麼的努力，都會停留在原點上。……他們甚至會用 XX，……因為這樣，XX 會發生，不必要的 XX、花費等等，……會使得妳的身心受到影響，但這種現象不會持續太久。

雖然問題來到了妳的身上，因為眾神的祝福，妳會看到改變。有些人會阻止妳，給妳的家庭壓力，因為這樣，妳會把時間花在保護家庭上。妳沒有快樂，無法享樂，不愉悅，每天都在掙扎。在處理這件事上，不要做 XX，要做 XX，這樣才能收到祝福，妳有運氣以這樣的方式得到好處。

2013 年 2 月 15 日以後，妳會開始改變，並開始受惠，這種改變會持續 20 年，來自北方，一步一步的會有好的發生；會有些重要的事情發生，好的發展會來臨。看到葉子後，開始會朝向事業方向發展。妳內心會很勇敢，有兩種勇敢：一個是，妳自己覺得是對的，妳就做；還有一種是，妳不知對或錯，但妳就是魯莽蒙著眼勇往直前。有很多時候，妳就是會以後者這種方式矇到成功。

這三年，妳會有多次的旅遊機遇，從這些旅遊中，出乎意料之外的，妳

會從這些體驗中得到收穫。妳會很開心,很舒服,常常享樂,這樣的情形會持續。雖然有威脅,但妳死不了,別擔心。好好XX,並XXX,可平衡妳的因果……這些會保護妳。

　　震……撼……至……極!!……我完全說不出一句話……聖哲清清楚楚、正正確指出了目前正在發生的狀況!

　　這幾年身邊所發生的事,一點一滴,正如聖哲所言。狀況發生時,我當時的直覺,雖沒有證據,卻毅然決然的直接阻擋……當時許多人都認為我的反應太大,又不是八點檔的古裝劇,哪有可能在這文明的新世紀,會有人這樣?如今聽到這段訊息,我釋懷了許多。

　　有很多時候,直覺往往是最正確的,不能因為不受歡迎而退縮。我根本不看任何電視宮廷劇,在我現實生活裡,每一天活生生上演的戲碼,遠比任何編劇腦裡想出來的劇本更精采!這是我的悲劇,也是別人看笑話的鬧劇,卻也是我不得不配合演出的人生戲劇……

10

　　當我在寫這本書稿時，重聽了每一段解讀錄音，當時為了保險起見，除了自己的錄音，同時也請 Guru 替我錄下備份，事後直接將他的錄音下載到我的電腦裡。而這一年來多次重複聽的一直是 Guru 的備份，寫書時意外發現自己的 iPhone 版本錄下更多細節，也就是從找父親的葉子開始，整個解讀過程全都錄下來。如今重聽這整個解讀過程，不斷聽到自己當時深呼吸的聲音，自己讚嘆連連的聲音，自己 Oh My God 的聲音，還有自己哭泣的聲音……頓時又把我帶回當天的情景：

　　當天拿到父親的指紋時，Guru 進屋子拿出一捆，並告訴我說，唯一符合父親指紋的只有這麼一捆，如果在這捆內沒有找到，那就得等到他下次從印度帶來的新葉捆裡再找。找父親葉子的過程中，由於有些父親的過去我不是很了解，所以回答時不很肯定；核對的過程當中，有一片葉子上，Guru 清楚的說出了我祖父的名字，但因有一個細節被 C 疏忽掉，所以被跳過。後來一片一片翻到最後一葉時，Guru 搖搖頭，告訴我這次沒有我父親的葉子。

　　當下我聽了很失望，但不絕望，因為直覺上感到，剛剛有我祖父名字那一片，肯定就是了，於是堅持要 Guru 再把那一片翻出來。Guru 一片一片又翻回去找，好一會兒才把這一片希望找回，再次對照資料時，我請 Guru 多問一點我知道答案的問題，排除我不確定的地方。而這一次，聖哲不負苦心人，終於把父親的葉子找出來了！

　　父親的葉子很長，同樣的，聖哲將整個流年、運程全都詳細的告知清楚，解讀中我幾乎是從頭哭到尾。比起自己的葉子，我其實更期待知道，他的前世是否會透露我跟他之間的關係，我一直想確認我與他之間的關係為何。

　　媽媽說我一出生時，他就興奮的立刻把我抱到樓上，親自幫我清洗。從小我就是我爸爸的心肝寶貝，雖然當時他為了事業忙得焦頭爛額，每次見面時給

我的卻是百分之百全然的愛。

　　我十歲的時候，有一天在花園裡，園丁撿到了一隻被老鷹抓傷的鴿子，我看到了立刻把牠抱到父親面前，央求他一定要救牠。當時他很忙，卻二話不說，到開刀房裡拿出手術用的縫合針，在牠身上一共縫了七針；痊癒後，我將牠放走，沒想到牠遲遲不肯飛走，後來我們就把牠養了起來。

　　當時舅媽家裡養了很多鴿子，她知道後，又送了我三隻中型鴿子，我因此開始瘋狂的愛上了牠們；牠們永遠像是在微笑，眼睛永遠是這麼的明亮溫和，我常常對著牠們講話，很喜歡抱著牠們玩親親，小學課本上畫得全是鴿子的塗鴉。我的十歲是個充滿鴿子飛舞的世界，遺傳到父親從小就喜歡禽類的基因，於是鴿子成為我們父女之間最大的聯繫。

　　後來鴿子越生越多，他就乾脆在五樓樓頂加蓋了一座很大的鴿子屋。有一天我手裡捧著一本媽媽剛買給我的《禽類百科全書》，翻開書頁時，看到一張張各式各樣不同的鴿子照片，有流鼻子鴿、扇尾鴿、毛領鴿、吹氣鴿，看得我心花怒放，如同進到仙境般。我捧著這本書，興奮的跑到他的門診室，即刻跟他分享最新的「鳥禽快報」。當時他非常的忙碌，病人一個接著一個的排著隊，他看到我來找他，非常高興，立刻把我摟在懷裡，親了又親。我告訴他，今天最開心的是看到這幾張鴿子的照片，我把它攤開來一一向他介紹這些剛認識的新朋友們；父親笑了一笑說，只要我願意等他看完病，待會兒說不定就會有個大驚喜。

　　當時我不明白他的意思，在看完診後，連晚飯都沒吃，我跟著他跳上車，我們一路飛速飆往潮州一個大鴿子店，一進門，我看到了滿屋各式各樣眨著眼對著我笑的鴿子，我興奮到幾乎昏了過去……那天我們帶回了三對毛領鴿、扇尾鴿，還有流鼻子鴿。

　　我從沒告訴他，那天晚上，我一直不敢睡著，因為我相信自己一定是在夢中，我怕一閉上眼睛睡著了，立刻就會從夢裡醒過來，而這一切美好都會化成烏有……怎麼可能在幾個小時內，這些原本還在躺在我書上的平面天使，瞬間竟可以從圖片世界裡活生生地飛進了我的童年！這對一個十歲的小女孩來說，

是多麼大的「生命中不可承受的愛」啊……我對老天爺說，我的父親一定是神！

所以我要知道，為什麼我父親在別人眼裡，會是個人人畏懼、高不可攀的巨人？對我卻是個百般呵護，有求必應的神？我們之間到底連接著什麼樣的祕密？

這篇葉子上，詳細記載著家裡的組成背景，最後還把我祖母的全名說了出來（一直以來家裡只知道她的姓）。整段解讀過程中，不僅把他顯性的特質說的一針見血，還把他不欲人知的隱性部分，以動物的特性剖析的微妙微俏。

聖哲說到目前他身邊所發生的事，如同是準時收看家裡連續劇的最死忠粉絲，一點都沒有錯過任何一集。我看到了這兩輩子的故事是如何相互牽連，我開始理解，身邊這些人為何會對他有這些舉止，為何可以做出與我截然不同的反應；我的憤怒當然還在，但我開始把這些當時的人在時空裡換位，從他們的立場思考，頓時不免讓我釋懷許多。

整個葉篇完全沒有談到任何與我有關的牽連。而就在這片葉子結束前，Guru 說了這段話，終於揭開了我與我的「神」之間的關係……

當時他有個學生，忠心耿耿的跟隨在他身邊，直到那輩子最後一天。這輩子，這位學生也悄然的跟隨著師父來到了這一世，那位門徒就是現在這位幫他找到葉子的女兒，也就是她，將會繼續的陪伴在他身邊照顧著他，一直到這輩子最後一天……

……淚……雨……滂……沱……

弟子在此跪拜師父昔日教誨之恩，女兒在此跪拜父親今日養育之情！

您愛我的方式竟如此的深刻，上輩子作為我的師父，啟發我、教導我還不夠，您又向老天要了一生，只為了再回來當我父親繼續養育我，照顧我一輩子……師父，我不知何時能報答您的恩情；老爸，我不知和您手牽著手走完了這輩子，我們何處會再相聚……

在此刻，我要把您緊緊的抱在我的懷裡，就算您已不記得了，就讓我慢慢

地來告訴您，您是如何用盡了兩輩子來愛我，您又是如何如何的懂愛……

※

因為 Guru 明天一早要去泰國三天，解讀當中，斷斷續續不停的有求事者上門，所以解讀拖到四個鐘頭才完全結束。下午 Guru 得處理一些事務好準備出國，我想幫父親做 Puja，所以 Guru 只好跟我約明早六點，讓我先將解讀告一段落。

隨即我跟 C 離開，到樓下餐館吃飯。C 說今天碰巧是阿伽西亞的大日子，附近不遠有個很大的象神廟，裡面有阿伽西亞的神像，他要到那裡做儀式祭拜，約我也一起參與。因為父親葉子指示，得先到濕婆神廟點燈後才能做 Puja，所以我晚上計畫去兩間廟；C 約了一位朋友同行，我們在餐館吃飯聊天，一直等到廟宇晚上開門的時間，才開車到象神廟。

下車看到廟口前有一座很大的銅製象神（Ganesha）神像，壯觀卻不嚴肅。我們買了鮮花、水果、油燈，走上了階梯，進到樓上的神殿。乳白色的大理石，把原本就很空曠的廟庭空間襯托的更飄然，涼爽、舒適、神聖，很多人乘地打坐。C 每年都會在此舉行阿伽西亞的祭典，只見他恭敬的向前奉上鮮花、水果，點上油燈，開始大聲唱誦祈禱文，熱情、誠懇，畢恭畢敬，這是兩天相處下來我所沒看過的 C。

事後我想一個人獨自走到濕婆神神殿，於是告別了他們，自己一個人慢慢地走回旅館的方向，整個思緒停留在父親的葉子上，我一路反覆咀嚼著我作為他女兒的一生，幾十年的點點滴滴全都湧上心頭……

到了濕婆神神廟，我拿著三盞油燈，走到法師面前，為我的前世師父與今世父親，獻上弟子與女兒最誠摯的祝福與感恩；最後誦上一聲「OM」，把我兩輩子想對他說的話，全都傳入了這長長的音波裡，將它振向浩瀚無邊的宇宙天際……

我知道，終究會傳到濕婆神的耳裡。

11

　　2012 年 9 月 13 日，中午 12 點 48 分 31 秒，Guru 打開了父親的葉子，說出了一個在我內心深處封存已久、一位已過世長輩的名字時，我已無法自己……

　　時鐘迅速開始逆時針倒轉，頓時又把我帶回到那一天晚上 7 點，洛杉磯。一通不是來自天使的電話，把我們全家帶到了醫院，我看見了她，靜悄悄的彎著身體躺在那裡，嘴巴微張……我雙腳癱跪在地上，無力的叫喊著哀求她，就再跟我說一句話，一句……好嗎？

　　但從那個時刻起，我卻再也無法聽到她的聲音了。

　　我好難好難好難再憶起她，我好久好久好久沒再見到她，我好想好想好想，我好想她……

　　幾十年來承載的淚水，就在那一剎那潰堤，傾洩而出。這一個被我封存已久，不許自己再想起的名字，一個千年近乎失傳的語言，一個外國人輕柔的口音，卻如同轟天巨雷，把我的心炸開了。我放聲大哭，雙手捂著臉，對著兩個坐在我面前的陌生人近乎哭求的說：「你怎麼可以說出她的名字？！……我不要你說出她的名字！！……你不可以把她的名字說出來！！！」

　　兩個大男人，楞坐在椅子上，看著我崩潰，幾乎呆掉……頓時世界停止呼吸。

　　Guru 說出了我 XX 的名字。

　　吉隆坡安靜的午後，一個千年的古語掀開了一段無盡的恩恩怨怨，一串不解的愛恨情仇。原來 Karma 是這樣……不過不也因為這樣，我們才能夠手牽著手，同住在一個屋簷下，大家見了、愛了、恨了、離了，然後下輩子相約又重頭再來一次。不過不也一定會這樣，每一世因為相會，幸福才未曾遠離。

葉子上說，我的家人們在下一世，將會出生在瑪雅守護的國度裡，他們的日子也將過的很好，這樣我就放心了。若你有幸會有下一世，到了智利，請你問問他們是否曾經認識一個叫做 Keshin 的人？若你看到他們的眼角裡閃爍著亮光時，我可以告訴你，他們就是我的家人，請你不要忘記代我向他們問好。

　　有幸再有下一世，不好嗎？

12

　　走出了神殿，路經解讀室，一路上不停的回想這三天來密集解讀的內容。以前從沒有經歷過如此徹底、如此刻骨銘心的體驗，這是我這輩子最大的收穫。此刻對我來說，有什麼可以比納迪葉更重要的呢？想到明天 Guru 要出國三天，何不就好好的在吉隆坡等到他回來，趁此也可度個小假，Relax 一下，然後慢慢消化這幾天所寫的筆記。所以在回旅館的路上，順路就繞到隔街解讀室找 Guru，跟他取消了明天一早的預約，再跟他確定一些資料，好讓我這三天可以好好的消化這些訊息，所以我們約好了三天後再見面。

　　回到旅館後，馬上又打電話給 J，給男友，跟他們分享今天的收穫。每次跟人分享完自己成長的喜悅後，我肯定是睡不著覺的。隔壁的咖啡店如同我解放後的休息站，總能為喜悅的靈魂錦上添花的添購更多身心的滿足。

　　平日在家不愛喝冰飲，但每次出國，我一定會嚐遍當地的啤酒，不知為何，我對各地都有自家啤酒這檔事兒感到很興奮。晚上我是喝不了咖啡的，開玩笑！喝了還得了，只要有一點咖啡因就更會延長我的「清醒」，此刻沒有比喝上一杯冰啤酒更讓我開心的了，於是問了 Waiter 有什麼當地啤酒可喝？他卻極力推薦荷蘭的「Amstel」。其實我什麼啤酒也不懂，除了 Carlsberg 喝得出來比較香外，Heineken 要不是它酷斃的廣告在我潛意識作崇的話，其實也沒那麼喜歡。何不換換其他的，今天還有優惠買一送一，真太合我意了！一杯怎夠我慶祝呢？

　　Waiter Raj 來自巴基斯坦，才 23 歲就一個人離鄉背井的來到馬來西亞打工賺錢養父母，有點羞澀，跟我說話時，兩眼還不敢直視。在為客人送上食物時，儼然像在進行一道莊嚴的宗教儀式般，謹慎、恭敬，小心翼翼。雖然靦腆，卻也會適時在旁提醒我點份酥炸魷魚當下酒菜，讓我「不虛此行」；有他在旁，我完全不用擔心啤酒什麼時候會喝完，總在杯子見底前，就會上前細心

問候是否再續一杯？所以我很放心，每次一來，該吃什麼、該喝什麼全由他包辦，好把全部的注意力投注在納迪葉的世界裡。

另外有一位 Jessica，是個辣妹，只要是 Raj 一忙起來，她就會自動過來「服侍我」，這或許與我給的小費有關。以前在美國唸大學時，為了體驗打工的感覺，第一份工作就是到餐館當 Waitress，記得當時都會很感激願意多給小費的客人，所以之後我養成了習慣，到了國外，只要是店員服務不算差，我都會多給他們小費，好彌補他們不容易得到掌聲的工作。所以今天也不例外，我一直坐到打烊，徜徉在密密麻麻的筆記與斷斷續續的錄音裡，完全沒注意時間，直到大家都走光了，成為最後一個客人，離開時，給了 50 元馬幣。

才來幾天，其實我還沒適應馬幣與台幣 1 比 10 的匯率，所以等於給了她500 元台幣的小費，加上自己糊里糊塗的把 50 看成 10，放了就走回旅館，一點也不知道自己給出那麼多。

走出咖啡店快到旅館時，只聽到後面叫嚷聲，回頭一看，是 Jessica，我以為自己又落東西了，只見她把我剛剛放在桌上的 50 元馬幣原封不動的拿來還我，說我一定是搞錯幣別了，要我下次注意點。當下我看著這位美豔的少女，內心感動不已！原來嬌豔的外表下，閃爍的是一顆誠摯的心。於是我把錢推了回去，告訴她我沒有搞錯，這是給她與 Raj 的，她急著說我給的太多了，不好意思拿，我跟她說：「親愛的，相信我，因為你們值得。」Jessica 站在那裡久久說不出話來，說她太感謝我了……其實我更感謝她，提醒我人間處處見真情。

回到房間內，想起聖哲囑咐我吃的「藥方」，拿出綠豆跟小麥，沖洗後，將它們放入裝滿半杯水的杯子內，希望明天早上可以發芽，好讓我盡早趕上回春列車，免的老媽處處唸我，再這樣海吃胡塞的，「伊奧吃老你就栽」（以後老了你就知道）！

坐在床上，還是不想睡，想到明天不用早起，更不想睡，這時當然做最愛的事準沒錯，於是又把剛剛看的意猶未盡的解讀筆記資料拿出來看了又看，聽了又聽。每一個細節對我都是重要的，加上剛剛 Guru 提到的其他聖哲，又給了我上網的藉口，再度跳入納迪葉的世界。這些聖哲是誰？這些葉子從哪裡

來？哪些人看過葉子，泰米爾納度在哪裡？一大堆的問號，堆疊在我有限的資訊與理解裡，試圖一個一個將它們結枝在這棵長滿納迪葉的大樹上。我不知道這終究會將我帶到哪裡，但此刻就算有個外星人在門口敲門要把我帶走，我也會請他先離開再等候我的「好友確認」通知，因為，或許我的「宇宙聯絡通訊錄」裡已經開始有人加入了……

13

　昨晚雖然上網上到兩、三點，今早八、九點就已醒了。每一次每當能量充足，往往睡眠或是飲食都可以比平日來的少，卻可以整天精力充沛、精滿氣足，意識異常的清楚。來到馬來西亞已經四天了，我還沒走出過旅館方圓一里之外呢！難得出國還沒到當地壓馬路，所以想趁這幾天好好在附近逛一下。

　昨晚泡的綠豆跟小麥已經冒出芽來了，我把杯子倒出來，看著顆顆晶瑩剔透的豆芽跟頭頂開花的小麥，連忙試吃看看；其實平日蠻喜歡生吃蔬菜，所以對我來說，吃起來味道不算太差，良藥卻不苦口。

　還是喜歡到隔壁喝咖啡，還是兩公斤的包包不離身，喝完咖啡後，我又繼續沉迷在筆記本中。昨天發現 iPad 容量已快滿了，身邊又沒有空白筆記本，今天想好好的把數位筆記與零零散散的筆記整合一起。

　我非常喜歡買各式各樣的筆記本，A4 的、B5 的、A6 的、活頁的、精裝的等等，什麼各國的「筆記本整合術」書沒看過？發現到最後，只有自己用的最上手的才是最好的。據我多年的實驗，終於決定 A5 才是最適合我用的尺寸：薄薄的頁數，零負擔攜帶方便，全球到處可以買得到，我的字又大，很快就可以寫完，馬上又會面臨嶄新的第一頁，相當符合自己喜新厭舊的個性，也給我一個冠冕堂皇的理由血拼文具店。

　有時耗掉半天，也只為了買一本可以跟自己相處幾天的 A5 筆記，可以在我快變心之前，以最後一頁來結束我們之間的關係。A5 就像個識相的情人，知道最終會將它束之高閣，只有偶爾想起那段情時，才會把它又從書櫃裡拿出，撣掉塵灰，再度回憶起這段「過往雲煙」。最近有了新歡 iPad，剛開始一頭熱，瘋狂的下載一堆數位筆記 App。用到最後，還是覺得及時性不夠，記性差的我，往往等到觸控筆寫出來時，「柯達時刻」早已「人事已非」；捨不得忘記，卻再也憶不起，所以到最後「繁華落盡見真純」，終究還是回歸到 A5 的身邊。

當你很專注做一件自己很喜歡、很開心的事時，你會發現，瞬間自己就像是個好萊塢 A 咖；而你正在做的事，剎時變成宇宙最願意支援場景拍攝的賣座電影了。正當自己慶幸有了換回 A5 的決心，表示又有了買筆記本的理由時，問及 Raj 哪裡可以買到，他馬上指著斜對面的小超市，說走到對面就有……嗯……我想用爬的都用不上一分鐘吧，宇宙真是太有意思了。每次只要想到要買新文具時，都會讓我雀躍不已，所以請他暫時看管我的東西，一會兒就會回來。

幾天下來，Raj 似乎已經變成我的貼身助理，還懂得將我的 iPad 收起來靠邊放到角落一旁，以防萬一；常坐的角落由「餐飲」轉型為「文藝」，桌椅變身成為我「馬來西亞工作室」裡的專用家具了。

看到各式各樣的異國 A5 筆記本，真是開心極了！不過這麼多年的經驗下來，發現外表太花俏的，通常內頁也會有圖樣，不忍心直接用原子筆殘忍劃過，所以漸漸覺得，還是越原始越好，最好全空白，不要任何線條，線條對我來說只會干擾。

我從小學起，就不曾把字乖乖寫到格子裡去，字之於我像圖畫，線對字來說，卻窒息的像個納粹集中營，不管胖瘦都得擠到毒氣屋裡被悶死，靈感如何暢遊？可是顯然馬來西亞沒有胖子，所以當我找不到空白筆記本時，看到有位媽媽給小朋友買了幾本有著牛皮紙封面的筆記本（我想應該就是所謂的馬來西亞國民筆記本了），雖然有橫線，一本也才 10 元台幣，我還是先買一本來試試；到底紙張若是太差，也得為已經奄奄一息的字提供好一點的棉質床鋪才好。

拿著新的筆記本，回到了我的「工作室」，開心的像個小學一年級生開學時第一次翻開練習簿一樣，我將所有葉子上所說的重要事項，從凌亂不堪的筆記中截出，重新再抄寫到新的筆記本上，也將葉子上的日期一一輸入到 iPhone 行事曆裡，還設立「二次提示」，好讓我不錯過任何祈禱儀式。

我翻開了 Guru 第一天給我內頁列有篇章的黃色記事本時，開始計算自己想看的葉篇需要花多少錢，再加上，在機場換馬幣時，也沒想到會留下來這麼多天，所以當時只換了一點錢，看來現在得再逗留幾天了。打電話給旅行社延

後去北京的日期後，就到銀行換錢，我正愁帶的美金可能不夠，翻開護照皮夾時，意外在一個夾層內找到前年去美國時剩下的一千美元，實在太開心了！

我沿著街走到火車站，再往巷裡商店裡繞進，我很喜歡這種亂鑽的感覺，常常會有意想不到的驚喜。這些小店賣的每樣東西，對我而言都很新奇，走著走著就繞出巷口，原來巷子通到 Little India 的那條大街上去了。

從火車站往反方向走，會看到很多銀樓，想到我正需要穿耳洞，所以走入一家銀樓詢問，看看是否今天可以鑽耳洞？他們說純金耳環因為耳後釦環是用螺旋鎖，需手工鑽耳洞才行，不比普通耳環直接用鑽耳器打洞即可。我問店內誰負責幫人鑽耳洞？店員立刻指向外面一位滿頭白髮的阿公，雙手沾滿黑油垢，正揮著汗修理著冷氣馬達……這徵兆很明顯告訴我，今天第五脈輪「不宜變動」。

剛剛前往銀行的路口有個咖啡館，全天二十四小時開放，不是那種只賣咖啡的咖啡店。我喜歡這種「曖昧」的咖啡店，綜合了 Pub、冷飲店還有不打烊的 85 度 C。是的，對外宣稱咖啡店，其實廚房內中西熱食全天供應，當然也賣啤酒，又有爵士音樂可聽，沒有低消，哪裡找啊？！不管我整個上午是否已經在隔壁咖啡店泡過了，遇上這種有佛心的咖啡館，沒有不進去捧場的道理，於是逛完街後，把我的「移動工作室」搬到了戶外靠牆的那塊沙發區上。

今天是星期五，人特別多，熱鬧又吵雜，我所處的世界與外面完全兩極，矛盾的是，我有的時候反而很喜歡這種反差，讓我更容易「禪定」在自己的世界裡。

突然接到 C 的電話，以為什麼重大事情讓他願意打國際電話給我，開口第一句：「我覺得妳是聖哲阿伽西亞召喚過來的……這幾天幫妳翻譯，尤其是妳父親的葉子，差點就錯過，居然還是找到了，這就是命中注定。我沒看過任何來解讀的人像妳這樣，對納迪葉這麼有興趣。若有任何需要我協助的地方，我將義不容辭的幫妳，我相信這是聖哲完美的安排。」

聽到 C 對我講這段話，我有點受寵若驚，也很驚訝自己為何對納迪葉有這麼大的好奇心！我想，自己是個一頭熱的人，搞不好幾天後，就像以前那樣，

又不玩了；但是目前對我而言，納迪葉是我當下最感興趣的事了。我告訴他，雖然網上也有些納迪葉的資訊，是否吉隆坡有書店可以找到專門介紹納迪葉的書，好讓我有更全盤的了解？他立刻答應我，並約好明早來找我，叫我趕快回去休息，還提醒我附近治安不好，小心會經過紅燈區，一定要把包包拿好。

我有點把他的警告當作耳邊風，因為在我的宇宙裡沒有「搶劫」這個想法。我很難解釋為什麼，不了解我的人（例如我媽）會認為我很天真，但是我就是很難把這種話當回事兒。說完電話，繼續回到我的納迪葉世界，一直到深夜⋯⋯直到有一點睡意，才讓自己抽離。等我再度回神到星期六凌晨三點的吉隆坡時，人群也漸漸退潮了，只剩下幾個背包客與無精打采的店員，撐著二十四小時不打烊的堅持，這才讓我把帳單交出。

原來這條街有幾個老舊的旅館，常是當地「有需要的男人」的「休息」場所。外面路邊攤都已收起來了，路上幾乎清一色的全是男人的世界；我插入路上人群中，整個意識完全還 High 在納迪葉的世界裡，我的眼裡看不到他們。神奇的是，我彷如隱形般穿梭在這些尋芳客中，沒有一個人看得到我；客觀的說起來，外表不差的我要得到男人的注意並不難，更何況一人落單獨自走著。但此刻，我卻像是走在瞬間分隔成兩邊高漲的男性荷爾蒙紅海陸地上的摩西，一路悠閒自在，神清氣爽，一步一步水無痕的走回到旅館，在睡前拿出濕婆神的咒語唱誦著，大概就是這 OM 聲再度把我送入夢鄉⋯⋯

14

　　今天起的較晚，梳洗後就到隔壁素食館點了一些沒看過的麵食。原來吉隆坡有很多南印泰米爾納度省郡來的印度人，這家素食館包山包海的提供了印度南北各大佳餚，我心裡開始盤算著，如何在這段時間內把它們一一嚐盡。

　　吃完早餐後，喝了兩杯奶茶，坐了許久還是等不到 C，打了電話他也沒接。在這裡，生活步調確實很慢，還好我在義大利唸書時，習慣了義大利人這種「Piano, piano」（慢慢來，別急）的調性，這多少平衡了急性子的我。但是現在看來，印度版的「Piano, piano」，絕對會讓義大利人看起來活像個叫不到計程車而爆跳如雷的紐約客！

　　兩個小時後，C 姍姍來遲，坐下又再來一杯 Cha，十二點之前，這已是我第四杯了，過量的咖啡因早已催著我上路。搶在 C 續杯之前，趕緊拿出「今日事，今日畢」待辦清單與計時表，隨時準備按下開跑。

　　幾天下來，發覺很多時候 C 的「Ok, ok, ok」，達成的實際數據倒像是「這得再看看，再看看，再看看」的結果，使我必須重複不停的提醒，方能得到美式「OK」的原本定義。不過在這裡，若死霸著英文文法不放，肯定挫折連連。例如問你：「Do you have time?」（你有時間嗎？）不要以英文課本裡老師教你的「Yes, I do.」來回答，最好直接就說「Have, have」，才能確保他們聽進去的是你的肯定句。

　　另外，「Can」也是另一項哲學：「Can you tell me for sure?」（你可以確實的告訴我嗎？）他們當然一定會回答你「Can, can, can」，至少讓你知道他聽到你在說什麼，但這可不保證結果一定如你所願。若回答你「Can la!」，這樣的成功率就高些，跟中文一樣，帶有「沒問題！」成分的「可以啦！」總是會先讓你鬆一口氣，至少減少一些憂慮。這寶貴的「國際江湖」街上生活智慧，我可是百分之百免費分享給咱們華人同胞們啊！所以 C 的「Can, can, can」讓我們直

到中午才完全結束早餐！

　　清單上的第一站是書店，等了三天，C 說好要借給我的書，嗯……我想還是自己購買一本，享有終身擁有權較靠譜吧。我們走到 Little India 的大街上，那裡有家專賣靈性書籍的書店，一進去問有關納迪葉的書，店員都搖頭外加否定句的說：「Don't have!」肯定的回絕我的「消費權」。

　　C 隨手拿出一本《Babaji》，跟我說一定要看，光聽這個名字我就很喜歡。「Ji」在印度文裡是尊稱之意，《少年 Pi 的奇幻漂流》電影裡，男主角敘說自己「Pi」的名字由來，與他的「Mamaji」喜歡在各地不同的游泳池裡游泳有關。其實「Mamaji」是「叔叔」的意思，而電影裡中文直接翻成「媽媽季」，這就是我為何不喜歡外文直接譯音的原因。譯音沒有任何意義，是因為方便國人發音，所以人名就直接用中文仿音；但若是有其他定義，我覺得最好還是直接翻出，更能傳達原意，這也是這部電影讓我覺得有點可惜的地方。

　　Babaji（巴巴吉）曾出現在靈性書籍經典大作《一個瑜伽行者的自傳》（*Autobiography of a Yogi*）。書裡提到，在喜馬拉雅山有位長生不老、肉身不死的上師巴巴吉，將 Kriya Yoga 傳授給作者的師父，而那位上師巴巴吉，則是當年由阿伽西亞親自點化，日後成為一名偉大的聖哲的。買到這本《Babaji》讓我非常的興奮，因為有關納迪葉的資料，終於可以「有所本」了，今晚又有件開心的事可做了！

　　因為店裡其他書籍比較偏宗教性，也沒有 2012 年的印度曆，所以我們隨意翻翻也就走了。過街走到對面的騎樓，今天賣五面珠的攤販還是沒來，C 說可能因為有節慶，街上管制嚴，過幾天再說。於是我們往火車站的方向走，要找的幾樣蔬果剛好賣完，連長什麼樣也看不到，問了幾家後都說我們來的太晚了，下次要我們早點來……我們經過昨天那家銀樓，看到那位可以幫我穿耳洞的阿公，還在修著冷氣機，而其他銀樓賣的商品，不是太貴就是款式太俗氣，所以又作罷。

　　我對純金耳環的印象，總是停留在古早南部結婚「辦桌」時那個臉上掛著油膩濃厚的蜜斯佛陀、全身掛滿著嫁妝的新娘子耳垂上掛的那對「係金A」，所

以想找較為簡單大方的款式。雖然我知道回台灣可以到「justgold」買對有點設計感的純金耳環，但急性子的我，抱著在馬來西亞可以撈點小便宜的希望，總覺得馬來西亞的消費畢竟比台灣要低；但老實說來，最大的原因，恐怕還是自己對手工鑽洞這「巨大工程」有點恐懼的關係。

C 很喜歡聊天，這當然包括必須伴隨著 Cha，於是我們經過一家朋友所開的餐館時，又繞了進去。他的人緣極廣，在當地常為商家跟當地政府溝通，所以走在 Little India 時，幾乎每個人都會過來跟他打招呼，只要這麼定點一坐，自然成了許多過來說 Hello 的老百姓心目中的聖誕老人，於是來者不拒，一個接著一個的接受他們這個不好、那個更爛的陳情。

坐了許久，C 突然轉過頭來對我說，他今天有事得先離開，一時讓我不知所措；看著今天必辦清單上只劃掉第一項時，讓我開始不耐煩起來了。想到今天整個早上浪費這麼多時間等他，說好了要幫我找全該買的東西，現在又泡湯了，所以我也很不高興的跟著起身告退，回到街上自己靠自己。

走到隔壁一家服飾店，看到許多豔麗的印度服飾，設計個個不同，不買一件犒賞自己怎行？但也得開始控制自己的花費，重新校準自己對馬幣的敏感性，我可不必無端端的給服飾店小姐小費啊！我看到一套兩件式的乳白套衫與長褲，領口鑲滿著金綴子，高雅大方，材質不錯，試了感覺很稱自己的膚色，不算太貴，於是狠狠下手買了第一件正統的北印服。

在台灣雖有很多賣印度風的服飾店，但買的大多是 T 恤，像這麼華麗的恐怕價值不菲。到國外旅遊的感覺就是不一樣，就算台灣可以找到相同的貨品，這種在異地購物的獵奇心情卻大大不同；這是我用來「勉勵」自己的「消費祈禱文」，百試不爽，非常靈驗，每一次都會成功的消除我的罪惡感，直到收到下一個月的信用卡帳單。

今天雙手滿載而歸。回到旅館，開始覺得累了，倒頭一睡竟睡到晚上九點，醒來餓著提著包包、抱著今天剛買的書，走到路口咖啡館這個「夜行性人種」歇息的大本營後，才鬆了一口氣，又是點了一大碗麵食。我難得連續幾天吃這麼多澱粉類的東西，不完全是怕胖，而是澱粉很容易讓我愛睏，但不吃更

對不起自己。

　　吃完，我迫不及待的翻開這本《Babaji》，書裡介紹的聖哲不同於網上的資訊，作者非常有系統的，把十八位聖哲的歷史由來、超凡能力與靈性修煉，做了很完整的介紹，深感這麼有辦法「降伏」我這個「妖魔」的納迪葉，在各大網站裡，相關的中文連結卻幾乎是零！只有少許部落客零散的介紹；而華人世界裡，居然沒有任何有關納迪葉的書，我開始有了「把納迪葉介紹到台灣」的想法……

　　回到旅館，看著今日未完成的「遺願清單」，突然對 C 這幾天陸續遲到、還有今天的事兒感到憤怒，覺得他浪費了我很多時間，越想越氣，根本睡不著，只好又拿起筆電來上網。我是 FB 低能兒用戶，我對它的用法很陌生，總是搞不清楚它複雜的功能；Mac 的 iPhoto 也還不會用，所以這幾天只好一味的往筆記本上塞。

　　而就這樣，在憤怒、寫日記、上網看新聞中打發時間，開始擔心若照著這樣的進度，其他的葉篇可能無法在這次看完，而往北京的機票也不知要延多久，所以決定明天一早一定得打電話跟 C 說清楚。

15

　　今天早上大約九點多，我已迫不及待起床打電話給 C 了，向他抱怨他實在太浪費我的時間。我是個藏不住話的人，隱忍只會讓自己細胞枯萎，只會為臉上帶來一個虛假的面具而已，然後自己必須與這個面具相處二十四小時。我告訴 C，我在馬來西亞的時間有限，沒有辦法每次都為了他的遲到等他，接下來的解讀預約請他務必準時到！說完，C 非常不好意思，猛在電話裡道歉，說今天會幫我完成購買清單，約好中午見面。我覺得，心裡有話就一定要說出來，不然整天能量擠著會很不順；果真沒錯，一說完，心裡舒暢多了，可以感覺到今天將會很順利。

　　我到了隔壁的咖啡店，手裡拿著另一個台灣手機，我這舊手機一直沒換，電池老舊，必須得用萬用電池充電器才能充電，而旅館牆壁上的插座角度讓我沒辦法將它直接插上，正愁著手機上的蓄電已快見底，如何是好？於是帶著充電器，看 Raj——我這位馬來西亞貼心助理——是否可以為我解決？果真奇蹟出現！我一把充電器塞給他，他立刻到店裡一個安在凸出角度上的插座，往上一插，馬上就可以充電！這是能量順流的徵兆，我開心的吃著雙仁荷包蛋等著 C 的到來。

　　今天腦子特別清楚，昨天摸不著頭緒的一些資訊，在今天整個突然開竅了。C 在中午前準時赴約，想想他畢竟也是個大好人，週末還來陪我，他說自己還沒來得及吃早餐呢，所以我特別請他大吃一頓，之後我們直奔大街買東西。

　　這次我們往對街繼續往前走一段路，更多的商店陸續出現，看得我心花怒放的。我買了許多填滿固態 Ghee 黃油的小油燈，但還是找不到印度曆。C 說通常月曆都是商家免費贈送客人的，現在都快年底了，大家都拿光了；但我心想，接下來的解讀若再有出現不同的日子需要做祈禱時，自己手上有份印度曆，大可省掉 Guru 幫我找的時間，於是還是堅持必須拿到一份。

今天 C 帶我到菜市場找香蕉樹心，我一直無法想像它到底是什麼樣子，因為聖哲提醒我，必須常喝用它榨的汁。後來終於看到，原來樹心是去掉一層層硬外皮後所剩下軟嫩的裸心，最核心中間約直徑 5 公分處，是整棵香蕉樹最蓄水的地方，將它切塊，放入榨汁機裡，就可榨出好喝的香蕉汁，這種吃法，我倒是第一次聽說。另外還有香蕉花，將它們剝到只剩花瓣與花蕊的部分，再加些糖用熱水煮熟，也是我必吃的處方之一。我買了幾捆香蕉心，心想或許 Raj 可以再顯神蹟，幫我解決這個「疑難雜症」。

今天 C 帶我走到一個住宅區，路上兩旁種有特別的樹種「Neem」（印度楝樹），C 隨手摘了許多葉子，跟我說，這也是聖哲為我開的處方之一。我馬上把它拿來嚼著吃，吃了 5 片，雖然極苦，頓時整個身體像是吃了「氧氣口香糖」，充飽了一大罐氧氣筒一樣，馬上精神為之一振，視力立馬刷新，有一種身體等待許久才等到的那種飢渴後的暢飲。

連續又吃了好幾片，C 大為吃驚，他說這不是每個人吃的下肚的苦葉子，我自己也覺得奇怪，但卻一直不停的吃著，吃到覺得夠了為止。就像電影《Golden Child》（橫掃千軍）裡的小仁波切，在被壞人囚禁時，僅以幾片葉子就可維持生命，我當時吃下楝樹葉後的感覺就是那樣：一股清流深入我的系統，氧氣滲入體內血液，含氧量立刻破百，身體振動頻率瞬間提高。剎時體驗到，身體其實會自動告訴你，它真正需要的是什麼，跟平常饞嘴貪吃不一樣，有著分離中的合一；意識到身體獨自跳出來告訴你它真正的需要，然後心智與意識很自然合一的配合它的需求，有種極度深沉的滿足感⋯⋯C 看我吃的這麼起勁，以他高大的身軀伸手摘了一堆，夠我吃三天的分量。

我們回到了咖啡館，我連忙請 Raj 幫我榨香蕉汁。Raj 果真萬事靈，什麼東西交到他手上，都會化腐朽為神奇，連 C 都覺得不可思議！

C 今天似乎聽進了我早上那席話，所以想跟 Guru 確定明天解讀的時間，但不知是否已從泰國回來。電話一撥立刻接通，原來他才剛剛到家，走前以為，要解讀其他葉篇的事我是隨便說說，不知道我果真留在馬來西亞等了他三天，馬上一口答應了明天一早幫我父親做 Puja，再把一整天全留給我解讀，我實在

太開心了！

　　隨後 C 回家，我自己繼續回到街上，再找齊了其他印度神的畫像，我發覺自己買最多的是拉卡希米（Lakshmi）豐盛女神畫像。想起來也真是緣分，早在 2011 年年底，當時上第一次來台講授的 Ana 瑪雅初階課，雖然坊間有許多對 2012 臆測連連的資訊，好像真有什麼黑暗三日即將來臨，眾說紛紜，但我對 2012 的感覺卻完全不是這麼一回事兒。雖然當時發生很多事，但直覺我的 2012 將會有一大躍進，那時對瑪雅有趣的圖騰與鮮明的顏色很感興趣，身邊也不斷出現許多奇蹟與巧合，讓我置身在豐盛的喜悅當中。

　　有一天在網上連接到一個網站，突然看到了一幅拉卡希米的照片，深深地吸引了我的注意力，雙眼久久無法離開電腦螢幕……她身上散發出的能量，激發了我停頓了將近十年的畫筆，喚醒了我心中的色彩，讓我回到久違的美術社買足了畫布與顏料，一股勁的把她畫下。她是我第一個認識的印度神祇，如今想起來，感到自己生命中似乎有種連貫性的巧合安排，當下看似一塊獨立的美麗拼圖，到頭來成就的卻是一幅巨大的生命藍圖，今天再度看到她，心裡特別激動。

　　我好喜歡一到咖啡店馬上就看到外面角落空著的幾張桌椅，我會趕緊「霸占」，然後拉幾把椅子靠過來，將兩公斤的包包先安坐在旁，再把包裡全部的家當當作武器一樣拿出來「擺陣」，大剌剌的向人宣示著自己的地盤，通常別人都會敬畏三分。為了不困擾店家，我也一定不會讓他們的訂單失望，總是會多叫幾盤菜，一方面塞滿桌面，一方面也減低當「奧客」的嫌疑，往往這樣都會贏得店家「歡迎再來」的青睞，尤其是連續幾天去同一家，久了大家自然會讓位給你，包括老闆自己。

　　咖啡店老闆 A 算是個帥氣的 Business Man，有老闆的樣子，衣著休閒又不失 Style。原來馬來西亞許多旅館都是他公司旗下的經營項目，這幾天常看到他與一群朋友們坐著聊天；今晚他們一群人坐在我常坐的位子上，一見到我來，立刻起身示意並請朋友們移位。我看他們桌面上攤著一堆公文，不想麻煩大家

為我一人移師動眾的，於是比個手勢，向他們表示自己可以用靠街的兩張桌子，所以坐下叫了一杯啤酒後，iPad、iPhone、Mac、筆記本全都使出來了。

　　不久 A 突然走了過來，先自我介紹，然後又怕打擾到我，但又忍不住的追問我，這幾天常看我一個人埋頭在自己的世界裡不亦樂乎，問我是不是作家或是記者？他說這幾天一直在觀察我，很羨慕我這麼享受在自己正在做的事，很想知道我到底在研究什麼？是什麼讓我這麼感興趣？我看著 A 好奇的雙眼，跟他說是有關靈性探索。這下不得了了，他的眼睛發亮，請我等他一下，過去跟朋友們打聲招呼後，立刻又到我面前，問我可否坐下，然後請 Raj 也給他開一瓶啤酒，叫了幾道菜單上沒有的精緻小菜。

　　他開始告訴我，他自己對靈性探索非常有興趣，列舉了幾本他看過的書，有一本也是我喜歡的，於是大家更有了交集，非常開心的為書中精采的內容聊了起來。當我告訴他我是來看納迪葉的，他聽完立刻跳了起來，並表示自己也是印度泰米爾納度省郡來的，而且曾在印度看過自己的葉子，但他對葉子的反應遠不如我的強烈。

　　我當下有了問號，這麼震撼的體驗怎麼可能不會撼動到他？他說，當初找的解讀師含糊的將內容帶過，我跟他說，自己的體驗是多麼刻骨銘心的，接著跟他說了自己的解讀過程，互相交流後，才知道自己是多麼的幸運，一來就如此順利。A 甚至不知道有所謂的其他葉篇，正為自己多年單身的處境憂慮，雖然事業有成，自己又多金，就是一直沒有遇到心儀的對象，遇到的女性朋友大都對他的銀行帳戶比較有興趣，這為他帶來不少困擾。

　　我感到他無助的一面，開始扮演著平時不太擅長的聆聽者角色。他並說自己防備心很強，其實解讀時有些資料並沒有據實告知，我聽了覺得這未免太扯了，他還說當時顧忌自己的身分，對照個資時沒有坦言。我當下就告訴他，必須調整自己的心態，帶著這樣的心理障礙，如何面對自己的真相？他聽進了我的諫言，為了未來的幸福，決定給自己一個機會，所以要了 C 的電話，馬上就打電話跟他預約；但預約很滿，加上這幾天是排我的時間，所以只好排到十月以後。

我們繼續聊著，聊到台灣幾家類似他目前旗下旅館的經營形式，給了他為何會吸引消費者的原因，他馬上請我跟他走一趟自家緊鄰咖啡館的商務旅館，希望我也給予建議。我透露自己有個夢想，就是有朝一日想蓋一家旅館。這個話題讓他遞上他的名片，希望以後有合作的機會，這才想起，前幾天在自己的事業篇裡，聖哲才告訴我可以發展旅館行業，今天機會居然就自動出現了！A拿出筆記寫下我給他的旅館名單。我們又聊到法國一家他也曾去過的旅館，裡面的設計與菜單如何如何的炫，他告訴我他目前為特別族群規劃的旅館模式為何等等，一場腦力激盪的對話一直持續到打烊後才盡興而歸。

　　明天一早要做 Puja，我想到明天一整天要探索更多的篇章，就又高興到睡不著覺。打電話跟男友分享今天的收穫，在他的祝福當中，才緩緩睡去……

16

　為了今早的 Puja，我想，穿上這白色的印度服最神聖不過了，所以今早十點不到，就已站在解讀室門外敲門求進了。Guru 開門看到我如此盛裝上陣，有點驚訝，他說沒想到我真的等了他三天，以為沒耐性的我早已離開吉隆坡了。我走到了 Guru 早已擺滿鮮花水果、祭品與聖哲畫像的祭壇前，深深的一鞠躬，再次感謝所有帶領我與納迪葉相遇的一切。

　一股特別的香味瀰漫整屋，我閉著雙眼，回想起那天葉子上的故事，送上了我最誠摯的祝福……做完了 Puja 後，不久 C 就到了。今天他非常有誠意的告訴我，今天一整天已將時間都挪開，所以整天可以馬拉松解讀；我告訴 Guru，幾乎每一篇都要看，所以我們從第十一篇看起。這篇章探討的是：哪個是適合個人發展的方位、愛情運為何，還有社會地位等等。

　……很多的訊息都已透露給她了，這輩子她不會遇上什麼太大的問題，社會上的身分地位也有，運氣很好，生活過的不錯，會有財運、偏財運、喜樂，以及結交到一些好朋友。以下是師父與門徒的對話：

　門徒：師父您把她說的太好了，難道您又忘了這些行星磁場對她的不利，以及她自己的前世因果嗎？另外，她雖然有好運，但是卻都會跟她擦身而過，還有婚姻上她會受阻，這些您都知道，為何這些您都不說呢？

　師父：我已經告訴過她方法了，她若一一去實踐，一切就會順暢，而且她的運氣與婚姻也會跟著順利。只是受到前世的因果影響，好事都被擋住了；為了這些阻力，她自己尋找答案，走遍了千山萬水，但很多次時機也錯過了。對她來說，當她努力爭取與尋找想得到的東西時，就是得不到；但當她不找，機緣卻都又自動跑上門來，不管婚姻、運氣、金錢都會這樣。

　另外還有她愛質疑的本性，使她不容易結交到好朋友，別人不容易與她

親近，不容易在男女關係上持久，因此婚姻一再錯過。每次當她想結婚，卻沒有姻緣，而當她沒有結婚的念頭時，又會有人搶著跟她結婚。就像現在，她自己心裡沒有這個念頭，卻有人想跟她結婚，會有很多異性緣⋯⋯她非常執著原則，一定要有自己的方法，也很會照顧自己。

當她看到葉子的時候，是未婚狀態，有個男朋友，他們不是天天住在一起，這段關係為她靈魂上帶來很大的快樂；但這段關係也困惑著她，她不知為何會有這段關係，她的靈魂在尋找某些東西，而她男友的生活與一切似乎跟她很搭。因為她的靈魂與心智溝通不協調，她的意圖與心智跟靈魂深處的渴望不同，看到她自己的靈魂與他的很合，但自己心智與意圖卻不然，因為這樣的關係，她會困惑。

X 歲到 X 歲會有動產／不動產。X 歲要格外小心，不得大膽投資⋯⋯

當 Guru 再度把男友的名字一清二楚的說出來時，還是再度震撼了我⋯⋯這段關係在我心裡上的矛盾也如同聖哲所言。我與男友的關係一直很好，他是我最好的朋友，幾年前跟他相遇時，還是他帶領我靜坐的。記得當時我剛回台後，好幾年根本不看靈性書籍，多年前在美國根深蒂固的觀念，認為我已接觸到最近「真理」的資訊了，也看過太多書了，所以幾乎不曾踏入過任何書店買過其他觀點的靈性書籍來看；當時的高傲使我感到其他靈性書籍都是小巫見大巫的次等品，回台後更不會去靈性書區看譯本，直到遇上我的男友。

第一次跟他見面時，我記得在北京「雕刻時光」咖啡館，我們當時還是網友，尚未互相見面，約好一天在那裡正式見面。當他出現時，從背後叫我一聲，我轉頭一看，看到的是一個高大俊秀的美男子，眼裡閃爍著亮光，雖談不上似曾相似，卻一見如故，沒有一點緊張或壓力，兩個人一聊，立刻就可談得很深很廣。當時他問我一直在追尋什麼？這是一個我自問了許多年也回答不出的問題，卻在當時被問及時脫口說出：「Peace with myself，與自己和平共處。」自己的一句話驚醒了夢中人的自己，自此我們雖分隔兩地，卻一直是無話不談的摯友，失意也好，得意也好，無時不處處相互關心。

由於兩人共同的興趣就是靈性探索，這幾年來一起到處尋仙訪友：北京辟穀，哈爾濱遙視特異功能，雙城接靈，在大連見證外星資訊，到亞布力開啟宇宙天語等等，一起體驗了無數不可思議的神奇。他跟我說，自己以前曾患燥鬱症，內心衝突極大，情緒一度像鐘擺，時常不斷在抑鬱與興奮兩極中來回盪漾，令身邊親朋好友們相當憂心焦慮，後又拒服抗憂鬱藥，因此放下學業，全然進入內在探索。

　　有天絕望到極點，坐在巴士途中閉著眼，眼前突然千百尊金光閃閃的小佛像往他額中飛速直衝而進，整個人置身在狂喜中，雖然轉變沒有即刻發生，蛻變卻因此開始了。事後陸續體驗夠了極度的痛苦後，終於厭倦了，開始了解到，只有改變自己，才能脫困。當時內地中文靈性印刷品資訊都是來自台灣，於是接觸到《與神對話》，書中句句真言如同醍醐灌頂，是他改變的關鍵時刻，從此之後他就慢慢改變，不斷透過自學領悟與瑜伽靜坐讓自己靜下來。

　　這幾年與他的相處，每每當他講起這一段，都讓我難以置信，我無法想像他以前的樣子。男友是我所認識的人裡脾氣與耐心最好的人，不是壓抑情緒，而是根本就發不起脾氣來，這讓我非常佩服。我看到靈性圈裡很多是滿嘴的光與愛等靈性理論，一到家或碰上敏感的問題，馬上跳腳；我自己也常常會這樣，一回到現實面，就什麼靈性學習都拋到腦後，在爭執的當下，一定要是對的才肯罷休。認識的人當中，唯有他是徹底透過自習修練蛻變而走出來的。

　　他常常在生活中應用靈性智慧，常不吝與我分享，連我自己都不願意跟自己在一起時，他適時提醒著我，內心隱藏的靈魂之光是多麼地耀眼，而在我得意時又不會沾光；不管我是魔鬼或是天使，一直在旁不離不棄的守護著我，我的男朋友對我有「養育之恩」。一直以來，我對彼此間的差距，使我不知倆人是否有明天；在一起時卻又安樂和諧，我的內心一直處在這種矛盾與困惑裡……這也只有我自己知道。如今聖哲一針見血，一語道破其中奧妙，簡直令我佩服到五體投地！

　　接下來，看的是第三篇「手足篇」。我想藉由這篇可以看到過去的透視鏡，來了解我們之間的關係。

在「手足篇」裡，聖哲把我的兄弟姊妹一個也沒少的都數了出來，告知每個人與我之間互動關係上是份祝福還是一項考驗，分析我同房的兄弟靈魂特質與流年概述等等，巧妙的以各種動物的特性把他們比喻的非常到位。

這篇章讓我對周遭發生的一切多了一份接納，也了解到所謂因果循環帶來的影響：一些事情必然會在今世發生，其實並不是什麼壞事，而是正負能量交錯在不同時空點上的相互平衡。雖然我還是無法原諒，在事情發生的當下，也不會消極的任由對方挨打，而是在積極面對並解決之餘，開始慢慢接受並允許它發生的過程，不再聚焦專注在現今問題點上，攻擊它的道德瑕疵。葉子上的揭示使我了解到，加害者與被害者角色在時空裡的循環互換，進而比較可以體會到對方內心的痛苦，這個領悟無形當中讓我內心平靜不少。

由於從小與自己同房的兄弟感情非常好，這是連自己的父母親都難以想像的。記得在美國上大學的時候，有一次，有個許多女孩子都很哈的帥哥 Eric 週末想約我，我感到受寵若驚；卻在同個週末，遠在舊金山唸書的弟弟突然回家，我太興奮了，想到要跟哥哥、弟弟共聚用餐兼哈拉聊天，那種喜悅感讓我不顧一切編造一套謊言取消跟 Eric 的燭光晚餐，於是三個人興高采烈，手牽著手的到一家餐館用餐。

正當大家說的起勁時，有人過來打招呼，轉身一看，差點沒昏倒……居然是 Eric！他非常驚訝！說是我臨時爽約，他只好取消比佛利山莊的高級餐廳，跟朋友來蒙特利公園這家「Cheap Restaurant」廉價餐館隨便吃吃……我真希望當場化成一隻鴕鳥往地上鑽！顯然我沒發高燒急診送醫臥病在床，而是生龍活虎、粗魯的在餐廳比手劃腳並大聲喧嘩。

他很有風度的過來介紹自己，在得知美女我竟寧可捨棄他這麼一個多金的帥哥極品，選擇跟兩個長的實在不怎麼樣的兄弟（嗯，我也覺得爸媽在基因遺傳上真的很不公平耶……）在此攪和時，自尊嚴重受損，黯然離去，自此再也沒接過他的電話……所以，是的，遇上我的兄弟，我是個「見親忘色」的人。自然在聽過了「手足篇」後，希望他們可以同樣感受到這震撼的納迪葉揭祕體驗，所以解讀過程當中，跟 Guru 表達也要替他們找到自己葉子的決定。

「手足篇」解讀完後，大家喘口氣休息一下。想到為家人們找葉子，吃飯前打電話給我哥，請他盡快將他們的指紋寄來給我。我哥雖與我自幼感情融洽，但對任何宗教或靈性活動一概敬謝不敏，平日要是對我這種突來莫名的要求，不掛我電話都算客氣了，更何況打電話時，他正在主持重要會議。但這次卻異於往常的，他不僅耐下心來讓我把話講完，還說開完會後馬上就會寄……出奇的順利！

吃完飯後，在等待我哥寄來指紋前，我們趕緊回解讀室，Guru 先找到了我的「母親篇」，內容如下：

妳有很多機會可以過個很快樂、享樂、舒適的生活，以上這些，妳有著我的祝福；此時，妳有房、有車，生活上還蠻快樂的，同時妳母親也給了妳很好的舒適環境。但就算妳有這些，當妳看到這篇葉子的時候，生活上還是不平靜，這是因果的關係；必須XXX，妳才會感受到好生活與平靜。

這篇是有關妳的母親還有妳的物質豐盛面向，看到葉子之後，更多這方面的豐盛會接踵而來到妳的生命中。之後妳會遇上很多新朋友，是妳這輩子還沒見過的新面孔，妳會與他們成為親密的好朋友，這樣的友誼會陸續來到妳的生命中，他們會來幫妳；不止如此，妳將會有更多的旅行……妳受到祝福，也有運氣來到前世朝聖信仰（Worship Places）過的地方旅遊，妳一到，就會感覺得到。妳會得到很多上師們的祝福，妳內心深處會感到妳曾見過宇宙之母（Universal Mother）。

妳母親目前的身體還好。她是一個看不出外表年紀的人，很注意自己的儀容與外表，吃東西也非常注意……常會為自己的家庭付出，並犧牲自己……妳跟母親很好，非常親，但卻沒法同住在一個屋簷下，因此目前沒有住在一起……九大行星能量運轉對她的磁場影響很大，由於XXX，所以要常常曬太陽……

這又是一趟毫無隱私、赤裸裸的高科技透視過程。聖哲把我母親的特質

百分之百、絲毫不差的說了出來。任何看過她的人，沒有人猜對過她的實際年齡。我母親是個比我還愛漂亮的人（我媽堅持反對，認為我太愛花錢在保養品上，其實，嗯……謝謝聖哲為我平反）。另外我母親有XXX，就我看過這樣的人都忌不了口，但她對每餐的飲食非常嚴謹自律，粗茶淡飯的，正如聖哲說的，是個吃不多的人，跟我截然不同，而且每次上餐館，她一定無法吃套餐，往往都得靠我這好吃鬼把剩下的吃完。

「母親篇」比較特別的是：個人的財富豐盛度也會出現在此篇中，不同於「父親篇」，關聯的是祖產。當我在寫這篇時，重新聽了這一年前的錄音，葉子上說到我會回到前世信仰朝聖之地時，當時沒太把它當回事。後來在錄音裡聽到，由於當時聖哲提到九大行星運行對她的磁場影響，C說九大行星各有廟宇，分布在南印度泰米爾省郡，有機會可以特地為她去參拜，平衡行星能量；又說下個月會隨著Guru回到印度朝拜九大行星神殿，既然我沒去過印度，何不跟他們一起去，又可Shopping，順便也可安排去納迪葉之鄉。接著就跟他們討論起下個月去印度的可能性等等。如今聽完整段錄音，回朔過去這一年內所發生的事，全都一一印證了！自己在解讀後，短短一年不到，就去了印度三趟！錄音裡提到的前世，居然就是印度！

接下來，今天的重頭戲來了——「靈性篇」，我真想搞懂自己到底怎麼這麼不長進啊？接觸了這麼多各門各派，為何就沒法乖乖的跟著人家苦修，為什麼還是脾氣這麼大啊？錢也沒少花過，為何就不能跟大家一樣遵循著一個修練模式，為何要疑東疑西的沒法臣服，沒法進入狀況呢？就在自己腦袋裡呱噪喃喃不休的Why why why裡，我的「靈性篇」往它投下了一個震撼彈……

我Agathiyar在恭拜過濕婆神後，傳達Keshin她的靈性篇訊息：

門徒：學生請教師父，她在前世裡犯了很多過錯，行星運轉對她磁場也不利，請問她怎能得到靈性上的真理呢？

師父：這個靈魂已經在前世學到靈性真理了，因為這樣的關係，這輩子

同樣會受到祝福而得道。但因為前世因果的關係，這一世不管你告訴她什麼，她都會不斷的質疑。這輩子她的智慧／知識上師就是「質疑」本身，唯有「質疑」，這位上師才能為她解惑。「質疑」會一輩子跟隨著她直到這輩子最後一天，沒有了「質疑」，她是一天也活不下去的。唯有在每一個階段，透過不斷的質疑對與錯，不斷在古老智慧與現世生活中互相切磋印證，才會從中得到智慧。

門徒：但是如果她一直不斷的質疑對與錯，這算什麼靈性修行啊？

師父：當你告訴她真相，她會質疑，你告訴她「假相」，她也會質疑，但她就是得在這質疑的過程當中，才會覓得真相。所謂的靈性真理，早在前世裡已印記在她的靈魂裡，但因為目前她所學的非常不同，所以根本打不進她的靈魂深處。直到現在開始，所學的才會慢慢的嵌入她的靈魂裡，慢慢的再回到她前世裡的程度。曾有一輩子，她的靈性已經達到一個很高的境界；但在現世裡，至今所學到的都非常初淺，根本無法媲美以前所學，所以她會不斷的質疑。

因為目前在她生活的世界裡，至今所學的非常淺薄，她的靈魂不欣賞這些知識，所以不知不覺的排斥著它們，更不會好好循序遵從，所以一直以來，都是獨來獨往、自己摸索前進。她不喜歡加入任何靈性團體，甚至還躲的遠遠的，當她這樣做的時候，別人會因為她的不服從而認為她很高傲，所以她只能孤獨的自尋真理，在靈性學習的路上一直是個獨行俠。

有的時候，其實連她自己也對自己充滿著疑惑。為何她有困惑與質疑呢？因為沒有個師父可以教她，她知道自己的師父是誰嗎？答案就是她自己！她就是她自己的師父，這輩子也唯有她才會教會自己真相。不止是自己本國的宗教與文化，同時她也將會學得其他世界各國與宇宙知識，將會明瞭，只有這樣透過不斷的自尋自學，方能與真理相會。

她的靈魂最終會達到目的地，會到達濕婆神那裡，會像祂與其他聖哲們一樣，以無盡的愛為人類服務。這是什麼意思呢？也就是說，她會斬斷生死鏈鎖，不會再回到塵世間了，將會如同聖哲一樣，救贖很多靈魂；雖然這輩子還是住在世俗環境裡，但會終結過去生活在地獄般的世界。所謂的地獄，例如藉由母體子宮。

她靈魂的特質注定會達到很高的層次，但就算這樣，她還是非常喜歡物質界的好東西，但這一切都是幻象。當她年紀越大，這些幻象會越來越活躍，會對這些物質追求越來越喜歡，這是因為，這些幻象要再度把她拉回母體子宮的輪迴循環。

　　當她看到這個訊息時，我以上所說的這些現象她全都有。現在的狀況就像小牛與母牛一樣，而小牛跟母牛彼此以簾子隔開，而且分離了好久一段時間，現在時間到了，簾子也拉開了，小牛終於看到母牛了，小牛會渴望往母親那裡走去。母牛就是所謂的神，而小牛就是靈魂，這段路途當中會出現阻礙，不斷地阻止它投向母親的懷抱，所以要有方法通過這些阻礙。

　　她這個靈魂就像這樣，自從離開母親後，見不到母親了，卻一直不斷地尋找，走遍全世界，有過太多的享樂；但是現在她終於又見到母親了，可是這些過去享樂的點點滴滴卻不斷地拉綁著她，不讓她奔往母親懷裡。目前她的靈魂階段就是卡在半途中，所以會不斷地困惑、質疑要何去何從……為了在她的路程中帶來正向的改變，我也已經告訴過她方法了。不只這樣，我這個女兒啊，將來在她的旅程上，我也會告訴她更多的訊息，好引導她走向母親。

　　接下來有個「祕密篇」訊息要給她，以後我也會時常透過「祝福篇」傳達給她更多訊息。這片葉子到此為止。

　　原本我這個酗吃、愛玩、脾氣又大的大小姐，正等著被聖哲狠狠的教訓一頓，萬萬沒想到，聖哲這震撼的揭示，卻大大的出乎我意料之外！感激到久久說不出話來……降伏我的不是讓我頭痛的「金箍棒」，而是直導我靈魂核心的深層理解與接受。原來我不壞，我不是罪不可赦，我不是努力不夠……我是聖哲連結線上美麗的靈魂能量，原來我一直是愛……

17

　　一連串的馬拉松解讀共解讀了四篇！拜謝 Guru 為我解開了這麼寶貴的靈魂身世之謎，感謝他把這一禮拜的時間全排給了我。Guru 笑說，他自己也不知道為何會這樣，「Fate la！」（緣分啦！）他說。

　　隔天一早七點多，C 就來電，語重心長的告訴我，他昨晚回家，一路上思緒一直停留在我的「靈性篇」上，說真的沒想到我居然會是這樣一個特別的人，真難以置信！我告訴他，若不是因為這幾天見證了葉子上「生命中不可承受之真」，自己也不會相信。

　　約好了十點解讀，嗯，C 還是「準時地」遲到了……難不成他一直在用印度慢兩個半小時的時差時間而渾然不知？這樣想令我好過些，因為若他十二點才到，表示早到半個小時。不過兩個小時的等待，也沒讓我跟 Guru 閒著，幸好有 Mac Air 電腦裡的 Photo Booth，讓我有機會把 Guru 變成外星人，聖哲若是看到，包準也會笑歪！

　　十二點 C 終於到了，為了不再浪費時間，也不想再責怪 C 了，我與 Guru 已經慢慢培養出默契來，所以我們早就把「祕密篇」找好，等著 C 一到，立刻進行解讀：

　　這是 Keshin 的「靈性祕密篇」，我已經在前幾篇裡透露給妳很多訊息。接著以下所說的「祕密篇」是妳「靈性篇」的延續，是有關於妳的靈魂走上救贖之路的故事。除了「祕密篇」，我也會連同妳的「健康篇」一併告知。

　　現在當妳踏上靈性追尋之路時，當妳看到葉子的時候，妳靈魂的力量處於第三脈輪能量裡，也就是二元對立：好與壞、愛與恨，這不是靈魂本體，而是它的喜惡，它的欲望。人體有七大脈輪中心，妳靈魂的欲望即源自第三脈輪，是以喜與惡啟動的。

靈魂會用其中一個脈輪來完成它所要達成的，此刻妳靈魂的欲望環繞在第三脈輪，它啟動妳對於金錢、財富還有其他人生物質面的美好東西，所以妳的注意力會關注在這方面；如果主宰妳的能量是在其他脈輪的話，關注的面向就會不同。

Vishnu（維濕奴）與 Lakshmi（拉卡希米）主宰第三脈輪，妳目前被這股能量征服，靈魂以此脈輪來得到世俗上所有想要的，在人生旅程中前進。當妳只往這方面探索，為何還會追尋靈性真理呢？為何妳一方面在找尋靈性真理，卻又同時對物質這麼熱衷？這是因為，妳對靈性追求有很大的興趣，也就是妳的欲望裡也包括了靈性追尋，所以年齡越大，妳對它就會越有興趣，妳會很想知道一切；但妳在了解它後，不久又會把它置於一旁，因為妳在世俗生活上尚未完全得到滿足。

妳對靈性真理只有想知的欲望，而沒有修練的欲望，妳的欲望像從地上冒出的源泉一樣不斷地湧現。源泉從地底下噴出水來時，川流不息，就像妳的人生一樣，當水位到達了一定的程度時，水也就蓄滿了；妳的欲望就像如此，它會上漲到滿，而在水裡面，開始會有一些生命出現，各式各樣不同的植物會生長繁衍，甚至會長出水面來。

在水裡，生命與其他植物會生長，如同盤繞在海床上的巨蛇，讓妳睡躺在上面，就像 Vishnu 一樣；妳會有很多的夢想，很多都會實現。而在這些夢裡，靈魂一直躺在巨蛇上，在水面飄著，夢想著美好生活，所以妳就像這樣，靈魂圍繞在妳的夢想與欲望裡。

就像舒服的 Vishnu 一樣，他夢想著美好的生活，妳的人生也是這樣，妳的夢想就像源泉，會一個一個成真，妳會一個一個享受著它們的到來；而在這當中，妳所謂的靈性生活也會隨即而來，妳的靈性知識以及妳對它的熱情度，也會被水澆涼。每當妳學到了所有，妳就會想要好好的享受豐盛的物質生活，追尋靈性的動力也會因此消失。

在妳的夢想裡，妳會計畫很多項目，許多會開始萌芽，許多也會開花結果，很多的洞見會出現，這些計畫就是妳的欲望，他們會顯化，例如財富、金

錢等等，會像水裡的綠地，綠地上長出一個接著一個而來的欲望與成果。

在這些夢想裡，新的想法會再出現，但要如何保護這些原來長出的植物？妳會不斷想出更多的方法好來保護它們，不斷想著要如何保有原來已經長出來的植物，所以，等於妳一直睡在妳的因果上（妳許多的夢想與欲望），而在周旋於這些事物當中，妳踏上靈性旅程。

在妳所有的成就、欲望裡，妳會以妳的方法追尋靈性，所以就在這充滿著源泉、巨蛇、植物當中，妳開始了妳的靈性之路；妳越走越深，妳在水裡走著妳的靈性之路，妳不會探出水面來尋找，妳在水中找尋。如果妳想探出水面找尋，妳必得拋棄妳所栽培的一切（妳所有的成就）；但是妳若在水裡面找，妳會同時擁有兩者。

妳如何找出自己的靈性之路？要如何在渾水裡找到乾淨的源泉？所以妳不斷再往深處裡鑽，但當妳這麼做的時候，妳同時也攪渾了原本已渾濁的水，水還是不清澈的。在渾水裡如何找到清澈的源泉呢？這是相當相當困難的。

妳一方面渴望美好物質生活，不想放棄；一方面又要找尋靈性生活，妳的靈性道路就會走的有一搭沒一搭的，每走了小段，然後又沒譜了。妳踏遍千山萬水，有時找到了，但妳又放到一邊；或者其實就離妳不遠，妳卻又不要，而當妳要時，它卻不在那裡，所以妳永無止盡的總是在「旅途上」。有的時候妳其實已經知道了，但妳卻又不想知道，所以妳只是一直在「Traveling」（旅行中），而不是真正「On the road」（走在道路上），因為妳有著舒適的物質生活。

目前妳的欲望環繞在第三脈輪，呈現出倒三角形狀，也就是說它是向下看的，向著第一與第二脈輪看著的。第二脈輪是一個創造、衍生出所有一切的綠地，也就是夢想與欲望；同時這倒三角型還看著第一脈輪，也就是孕育一切的耕地，所有一切都從這裡生長。妳的第三脈輪看著這物質界裡人類的世俗生活，它被生活裡的欲望抓住了，所以一直往下看。如果妳一直望著世俗生活看，妳就會有許多的欲望，就會找不到靈性生活。

但當妳站在一池清澈的水面上往水裡看，妳會清楚的看到池塘裡的水底面；但當妳跳下去水裡時，卻又感到深不可測，越游越深，碰觸不到底面。妳

的靈性追尋就像這樣，妳覺得好像達到了，但妳又越走越深，這就是人類的生活，也就是妳現今的寫照：妳被世俗日常生活綁的緊緊的，妳這一輩子都會這樣，甚至到生命最後一天也是如此。

當小牛看到母牛，會跑向她去；現在妳的靈魂是往下看，沒有準備好往上看。妳一直在找的其實只是妳對未知的欲望，還是停留在人類的欲望層裡。現在讓我來告訴妳如何改變這個現況。

妳現在還是睡在巨蛇上，夢想這美好人生，所以，把這條巨蛇變成一條繩子吧！把好與壞、正與負，都各自綁到左右兩端去！繩子的中間點是妳的神與天使們，哪一位神的能量可以幫助妳提升、引導妳的靈魂，就是妳的中心！

在妳的中心處就是妳的神，而繩子兩旁綁住的好與壞、正與負以及妳的因果，就是這條蛇，妳大力翻騰攪動這條繩子，就會榨取出中心裡的瓊漿玉液與甘露！但是如果妳輕輕的攪動，就進不了裡頭。妳大力攪翻，中心底部的熱度會散發，強列的熱度會使得水蒸發，完全的蒸發掉，妳最終看到的將會是池底。

越強大的熱力（神的力量），會使得原本長滿各種生物的水池蒸發的越快，跟著這些生物也會死亡，妳會看到池底；當水蒸發時，陽光就會很容易照射到池底，你可以輕而易舉的拿到池底的東西，而魚、植物還有其他生長在水裡的生物都會慢慢不見。

生長在水裡的植物如同會帶到下一輩子的因果，因果會來了又不見，不會再帶到下一世；如果妳照著我所說的做，這些會帶到下一世的因果會來來就走，它們會自動消失，不會停留，這些不必要的欲望與想法都會消失不見。只有這些不會製造壞因果的，自然會留在妳的身邊，例如像關係；會來帶給妳壓力的，也不會為妳製造新的果，就算來了，妳的能量將可抵抗它。

當妳不斷攪動，熱度會將妳第三脈輪的倒三角形倒轉過來成為正三角形，所以妳來到了池底，突然間中心底部打開了，整個力量會往上衝！妳會看到藏在熱能與光下面的水，地底下的水源才是清澈的，妳將取之不盡，用之不竭。如果妳遵從我的勸告，妳將可得到好的事物，在世俗世界裡享受妳的夢想，又可以享受妳的欲望，而且輕輕鬆鬆的走在妳的靈性道路上。

我所告訴妳的概念就是聖哲們走過來的方法，現在我把它傳授給妳。有個很大的神力在妳靈魂深處，其他聖哲們都看到了，我也看到了，才告訴妳，妳深受祝福，所以如果遵循這個方法，妳也必將看到的。妳將會領悟自己的神性，就像聖哲們領悟到他們自己的那樣；如果妳要達到那樣的境界，妳得好好照顧自己的身體，如同照顧自己的眼球那般的照顧著。有健康的身體，對散發自己的神性是非常重要的。

　　那，如何照顧自己的身體呢？妳必須生吃九穀米，另外還有綠豆與小麥，因為含氧量高，如果煮熟了，氧氣就會沒有。將它們一起泡水，隔日一發芽（綠豆與小麥），即可吃，這妳必須常常食用，如此妳會一直青春永駐，妳的皮膚會很有光澤，很素淨。

　　另外一個回春的方法就是：妳在早上必須食用生薑，中午吃點薑粉，每日睡前吃兩個青蘋果，這會幫助妳消化。還有平日要常喝蘆薈汁，還有熟的野紅番石榴，子不要咬破，直接吞下，這會解決妳的腸胃問題，同時更是回春靈丹。

　　每個月妳一定要清腸，每天早上用芝麻油潤喉，不要喝下，這會淨化妳的第五脈輪；當妳開始這麼做時，妳會看到自己身體越來越好。同時要做拜日式瑜伽，還有呼吸瑜伽（Vasi Yoga），一旦妳開始這麼做時，妳的靈魂與身體會合一，沒有人可以看得出妳真正的年齡……

　　這一段聽起來似懂非懂，抽象的概念，我不知如何來形容自己的理解度……聖哲說的不就是內在神性嗎？內心深處似乎懂了，但文字表達不出來。聖哲講的其實就是回歸中心，回歸到自己內心的力量，這似乎是每一個有接觸到靈性書籍的人都說的出口的話，但說實在的，過去一直無法真正體會得到。

　　如今一年後，再聽一遍，感觸很深，尤其是這幾天一個人閉關埋頭寫作，每天長達幾個小時都是禁語狀態，寫的不是一些心智檔案裡的知識理論，而是當自己再度投入到一年前這段時空裡，再度經歷了這段神奇的過程時，內心當下的感悟。我感到心裡特別的寧靜，似乎明白了聖哲的啟示，發覺禁語與寫出靈魂的話語本身，就是一種靜心；靜心時頭腦處於休息狀態，靈魂因此容易不

受干擾的展露出自己的本貌，這就是為何靈魂與靜心密不可分。

　　聖哲這段話，無形中讓我領悟了一個長年無法解惑的問題，那就是：有些人什麼都有，卻很不快樂；也有人什麼都有，又很快樂；同樣的，有人什麼都沒有，真的很不快樂；有的人什麼都沒有，卻很快樂。我的領悟是：快樂與否與當下的臨在力量是成正比的，當你處於當下，靈魂的力量就會出來，也就是聖哲所說的那個神力。如果一個人沒有回歸到自己的中心，那麼不管你做什麼，都會不快樂，也就是不管有錢沒錢都會很不快樂。

　　回歸中心就是你當下那股臨在的力量，也就是你的 Soul Power。那種快樂度是源自於靈魂深處的泉源，有了那股力量，就不會因外界而翩然起舞；但當你沒有回歸到中心那股當下的力量時，你在人生當中是載浮載沉的，使盡了心智的力量，得到許多物質上的滿足，卻因為這一路上走來，你一直沒有處在你的中心，你的靈魂是飄的。

　　至於是不是有回歸到自己中心的力量，所創造出來的東西可能會一模一樣，但品質卻是不同，而那個品質就是你的快樂度。看到沒錢卻很快樂的人，有時候會讓人誤以為，都是物質太多惹的禍，所以毅然拋開一切，想要因此得到那樣的快樂品質；但如果一直都沒有領悟到何謂「回歸中心」，那麼就算拋棄一切物質面，同樣不會快樂的。

　　看完了「靈性篇」，吃完飯，打開電腦，老哥居然真的在昨天一開完會，立刻就把他自己與母親的指紋都寄來了，我媽也沒打電話來罵我這個「國際化」的「神棍」，這讓我感到訝異。所以順著這個流，通常就是勢在必行的徵兆了，我心裡有數，一定會找的到他們的葉子；結果果真沒錯，兩人都在兩、三捆內就找到！Guru 先將他們的索引都找了出來，接著先解讀我母親的第一篇「藍圖概略篇」，之後如果時間允許，再接著看我哥的。

　　首先看的是母親的葉子，這片葉子把母親的人格特質描述的比「母親篇」還更詳細。在我的「母親篇」裡，是以我的角度看待母親與我的關係，所以她的流年部分極為概略，重要關鍵時段，也都是以我的運程興衰來平行對照她的

流年運勢。但她個人的「藍圖概略篇」則完全是以她本人為中心，因此如同我與父親的葉子，都是相當重量級的主要訊息。在看葉子的過程當中，我們的角色從母女轉換為靈魂夥伴關係，頓時我成了她的「生命藍圖解碼速記員」，在天界雲端庫裡謹慎地拷貝抄寫著她的阿卡西記錄。

母親在上輩子居然也是父親的妻子，表示我當父親門徒的那一世，曾是尊稱她為「師母」的弟子。在她的葉子上透露的是：後來我的師父搬到了西藏，我才知道，原來自己真的曾經在西藏住過。

這不僅讓我想起，幾年前跟男友與一位藏醫在北京一家「巴扎童嘎」西藏餐廳用餐，當時王醫師因為認識廚師，所以內行的叫了一道菜單上沒有的生犛牛肉，直接就沾著醬吃，我突然開始豪邁的用手抓著，大啖著血淋淋的肉，大灌酥油茶、青稞酒，把大家嚇了一跳！我一面低著頭吃，眼淚不自主的掉了出來，不敢讓人看到……當時就是特別愛這一味，好像吃到家鄉菜一樣。後來王醫師開的藏藥處方，更是讓我的身體特別喜歡，因此可以連續吃上了幾個禮拜。如今回想起來，那種突然湧上的情緒與莫名的共鳴，原來都是異鄉遊子思鄉情切啊！

今天的「祕密篇」不短，而母親的葉子也看了將近三個小時，加上剛剛找葉子的時間，看完時都已經十點多了。今天下載的訊息量相當大，內鬥劇情波濤洶湧，就等著看老哥的葉子，好讓我這個忠心的門徒，可以拼湊出師父家裡這幅恩恩怨怨的因果拼圖。這龐大的資訊真得需要時間好好消化，才能縱觀延續兩輩子的連帶關係。我開始意識到腦力嚴重的耗損，尤其試著在解構極為抽象的「祕密篇」訊息時！所以看完這篇時，連我也得喊「卡」……

走在回旅館的路上，累到爬不上三樓房間，一到旅館前的椅凳，就一屁股坐了下來。門口警衛 Fred 是個尼泊爾人，非常親切，過來幫我點煙。當我人在國外的時候，我是個很好的聆聽者，二十分鐘內，已經把他一生的故事都聽完了，覺得他是個顧家、單純的年輕人。聊完之後，餓了想找個地方吃晚餐，於是他也 Take a break，順便陪我到一家很晚才打烊的小吃店打牙祭，我趁此也請

他吃了一頓，順便又聽了他家裡一堆八卦。我告訴他，家裡的問題很好解決，於是給了他一些建議。哎！真是家家有本難唸的經啊，我們總是當事者迷、旁觀者清，遇到自己家裡的問題時，卻完全不會這麼豁達。

今天順利找到老哥跟媽媽的葉子，之後想想，或許老弟也會跟著買單才是。人在順流就是這樣，平常會有的憂慮，都會被這股能量沖散，於是打電話，直接向老弟要他的指紋；但是他通常非常忙，當天也不知道會不會正在開刀房。電話一撥時，地球的彼端立刻傳來弟弟「Hello」的聲音，我跟他快速說明來意，還來不及想著他是否會以那高檔的「美國加州胸腔內科」牌機關槍對我連續掃射一連串臭屁的「西方醫學」論點。沒想到聖哲似乎擋了扣扳機，這位大醫生居然立刻欣然的接受了他姊這「東方怪力亂神」的要求，說完還哈哈大笑的說，沒問題，只要「別叫他喝酷愛牌飲料」就好[2]；還說今天碰巧休假在家，近日診所翻修，剛好帶回診所裡醫療用的黑印泥，正擺在他書桌面前，立刻就可印上他的右拇指指紋，再用手機拍照傳檔給我……嗯……我只想說，聖哲啊，你們也太幽默了吧，都是這樣眨眼睛的？

---

2. Don't Drink the kool- Aid！（別喝酷愛牌飲料！）美式諺語，源於美國1978年一樁宗教領袖屠殺信徒事件，當時有個被視為邪教的宗教團體「人民殿堂」，教主Jim Jones為了逃避美國政府監督，而說服了全體信徒們，從美國遷移到南美一個在叢林裡打造的隱祕中心，並以自己的名字取名為「Jonestown」。因之前在美國已有信徒舉報幾起虐待事件，於是一名加州議員Leo Ryan與幾位記者趕到當地實地調查。在教主的淫威下，勘察過程當中，信徒們表面上裝作沒事，卻在Ryan等人離去時，偷塞紙條給予暗示，希望與他們共同離去。正當他們一群人在離開叢林的路上，立刻遭到Jones突擊身亡，事後Jones恐東窗事發，逼迫九百多名信徒，一個接一個的排隊上前領取並當場在他面前喝下Kool-Aid（一種在美國很受小孩歡迎的飲料），參入氧化物集體自殺。此屠殺事件舉世嘩然，驚動一時，於是「Don't Drink the Kool-Aid」一語，在美國成為用來諷刺一些神祕聚會團體，勸人不要輕易被一些誇張不實的宣傳用語煽動。

18

今天早上也是約十點解讀，先到隔壁印度素食館吃近來瘋狂愛上的 Murtabak。其實這是一道中東街頭包餡煎餅，外皮薄，煎的酥酥脆脆的，餅皮內包著炒過的雞肉加上香料，非常好吃，絕對會令人回味無窮！我通常會連吃兩個，今天共買了五個，另外三個想買給 Guru 吃，沒想到大包小包的提到解讀室，Guru 居然吃素！哎呀，自己怎麼老是這樣，不先問一下人家的飲食習慣呢？！

我把弟弟寄來的指紋轉寄給 Guru，然後深呼吸提醒自己，得把整個「心智系統設定」大弧度調到「非常慢動作模式」。哎！有什麼辦法，顯然沒有人在趕時間，依我的判斷，今天等 C 又得等上一、兩個鐘頭了。我只好自己一個人坐著，慢慢地拿出這香噴噴的 Murtabak，一口一口的沾上辣醬，送到嘴裡細嚼慢嚥的吃著。

今天感覺特別餓，連續吃了兩個半，Guru 睜大眼看著我吃得津津有味的，不免為我的食量嚇了一大跳！他說這煎餅可不小，一個都吃的很勉強了，何況我這麼一個小個子，還有辦法吃下兩個半！這是許多剛認識我的人所無法理解的。我就是一個對「吃」這件事，極度熱衷、享受的人，其實有時很簡單的食物吃在我嘴裡，就是很好吃，我也常不吝分享我在味覺上的喜悅。高中同學曾說，我大概連喝一杯白開水，都會發出驚嘆號吧？！

但是今天的驚嘆號，我可要留著待會兒用的。等一下在我兄弟的葉子上，不知又會蹦出什樣的驚世祕密？一直以來，我們三個人手足情深，我一直不知道，到底有什麼樣特別的緣分，連結我們彼此之間深厚的感情，所以我的心情特別期待，一分一秒的倒數著與驚喜相遇的時刻，好了卻我心中的疑惑。

C 又是很不好意思的遲到了兩個小時，Guru 早已把昨天哥哥的葉子準備好放在桌上，順便也把幾捆可能有弟弟的葉子一併拿來等著核對，準備要按下錄

音時，搖著頭對我笑說，還沒看過像我這樣的門徒，把師父全家上下都包了，他說，妳師父一定對妳恩重如山啊……這句話差點又把我的眼淚逼了出來。

　　哥哥的葉子上透露，他上輩子出生在西藏，連出生的地名都說得出來，對照他的故事，前世應該就是父母親的兒子。複雜的大師家庭，兄弟姊妹之間上演的戲碼，絕不輸今世的精采，後來他離開家人，獨自一人跑到尼泊爾過著享樂的生活。

　　記得當我回來把這段錄音給他聽時，他楞在一旁，久久講不出話來，眼角泛淚。他跟我說，自己一直以來不知為何，每次只要看到電視上報導尼泊爾，總會立刻轉台，無法理解為何有人會想到那裡旅遊？他根本連看都不想看。當他聽完整段錄音後，知道原來自己在那一世曾在尼泊爾「轟轟烈烈」過，突然恍然大悟，了然於心，在我面前整張臉彷如刷新了一樣，嘆了一口氣；接著跟我說，他這輩子說什麼也得回前世老家看看，想要到當地捐助慈善，好彌補過去造成的這些遺憾。

　　看完他的葉子後，大家肚子餓了。每次解讀完想邀 Guru 跟我們一起用餐，他都婉拒，這次 C 幾乎是用拉的才把他約了出來。Guru 說自己吃飯非常簡單，全素不說，每天吃的還都是幾乎一樣的菜色，少有變化，非常清心寡欲，往往因為這樣，才不想因他一人而壞了同行朋友們的胃口。今天在我跟 C 聯合努力下，終於讓他換上 Polo 衫牛仔褲，跟我們步行到今早才買過煎餅的素食館，老闆像見到老顧客般的跟他打招呼。這時的 Guru 跟時下年輕人沒什麼兩樣，難以想像這是位朝夕與千年的聖哲們相處的 Guru，唯一那股不便的沉穩氣質，讓我與 C 這兩位呱噪的「長輩」，在他身邊，看起來活像個不唸書的壞同學，厚顏無恥的在大白天裡翹課，還把資優生從教室裡硬拉出來陪遊一樣。

　　兩個半的 Murtabak 絲毫沒有影響我再吃一盤 Thali 套餐的決心。好喜歡看到像一輪明月的鋼製淺盤上，盛滿杯杯不同的咖哩醬、印度泡菜，還有加紅洋蔥的鹹優格，不管何時何地，總會成功的激發我的胃口。Guru 張大眼睛問我，真的還吃的下？我想不出任何不吃眼前這道色香味俱全南印佳餚的道理，要我放著不吃，未免也太殘忍了吧？！Guru 可是完全不同，還是忠於自己一成不變

的味蕾，老闆連菜單都省了，直接就端出他幾年來唯一會叫的 Dosa，就算我這外國人幾天下來現學現賣的，也懂得在旁介紹幾道來自他家鄉的美味料理，但他都還是笑笑的堅守著對 Dosa 一輩子的忠貞，這是對美食總是「朝三暮四」、極度「花心」的我所無法理解的。

我們一吃完飯，不等 C 打開話夾子，很有默契的，立刻起身準備就走，不然我得在馬來西亞為解讀葉子而付出申請「永久居留簽證」的代價。

回到解讀室，Guru 從今早放在一旁的幾捆葉子裡拿出第一捆，先解讀弟弟的葉子，打開第一片葉，我也跟著擺好 3C 陣仗，準備面對這有可能耗上一、兩個小時的個資索引核對：

「父母健在，有自己的事業。」

「目前已婚，兩個小孩，一男一女，老大是男的。」

「不跟父母住，現居國外。」

「與妻子行業相同，倆人的職業都是在為人體動刀（醫生）。」

「名字是 XXX，星期 X 出生，妻子名為 XX。」

Bingo！

「On the Plane! On the Plane! On the Plane!!!」

「Yes! Yes! Yes! Yes! Yes! 以上皆是！！！」

第一捆第一片葉子？！！

Thali 套餐

居然連我弟媳婦的中文名字都叫的出來！！

由於我弟媳婦出生在西班牙，從小就用西班牙名，當 Guru 一說出這只有家人才知道的中文名（或許連她自己也叫不出吧？）時，我一下子反應不過來，還在等著他說出大家叫慣的西班牙名字，這一說可又把我震傻了！聖哲怎麼可能知道她這幾乎完全隱性的中文名呢？太不可思議了！！

想想我老弟也未免太順了吧？！一輩子都這麼順利：個性隨和人見人愛，高學歷，事業有成，經濟無慮，夫妻感情融洽，一對快樂活潑的兒女，現在連找個納迪葉都還要拿第一名？老天爺怎麼這麼不公平哪？！不僅如此，出生時刻九大行星所在的位子，個個對他相當有利，這是怎樣？我爸媽也太偏心了吧！

原來他的好運從前世就開始：上輩子出生在南美瑪雅人居住的地域，從小就是個天才兒童，父母貧窮，跟著他們在富人家裡打零工，無意間卻被主人看中，收養為義子。後來陸續為這位富爸發明了多項科學專利，因此更為富有；之後顧主跨行經營馬場，讓他跟前跟後，耳濡目染下，自己也瘋狂的愛上賽馬，所以在這輩子也會非常喜歡這類活動。

Guru 說到這裡，我想，雖然目前家裡也有養馬，但他應該連摸都沒摸過吧！另外我弟更不會賭馬，怎說他嗜「馬事」呢？正當我皺眉不解時，Guru 接著說，當時視馬為比賽工具，所以指的是速度，問我弟弟是否很喜歡速度，以現在環境來解釋，例如賽車？

這一問，真把我給問傻了……

認識我弟的人都知道，我弟是出了名的愛車成癡狂，從大學時期就這樣。以前飆重型機車，當時連續兩部 Ninja 被偷，（偷的好，按讚！）老姐還曾陪他度過整整長達四個月的「哀悼期」。「痊癒」後，則把光與愛全然投向跑車，不僅年年換新，還要特別定製色款（對我來講一律都是老鼠色），還是當地俱樂部的賽車手，不喝酒不抽煙不賭博，卻「執迷不悟」的酗賽車。（拜託，這也是家裡不得外揚的「賽」事好不好？）

更令人叫絕的是，葉子上提到他的女兒。說起我這侄女，一本書都寫不

夠，天生的巨星架勢，人見人愛，可愛到爆。從小天資稟賦，在校連跳三個年級上課，常以成人的口吻跟父母對答，能歌善舞，碧昂絲舞曲一學就會，每到之處吸睛破表，是個老少咸宜的 Super Star 風雲人物。對此，葉子上則說，他的女兒智商很高，精於模仿，有藝術歌舞天賦，人小鬼大，跟父母像好朋友的關係，因為她是前世祖先老靈魂投胎；而我弟會有下輩子，並且會再回到女兒身邊成為她的小孩……

這樣的訊息聽在做姑姑的耳裡，不免五味雜陳。我不知道該為他們父女倆的良性因果循環高興，還是預知了弟弟將看不到自己投胎成為的這個孫子而感傷……

想到自己只剩最後一世，將來再沒有機會成為他們的家人了……

未來他們沒有我在身邊，好嗎？

最
後
一
世
的
承
諾

給
家
人

You Will See Me Again

I will always be there for you
Whenever and wherever you are
Though I will not be here on
Earth to join your next journey
You will always be reminded of me
Especially
When you are in fear or in darkness
When you don't know what to do
Even when the whole world seems
to fall upon you
Well
Just remember
Close your eyes
Take a deep breath

And when you start to feel better
even just a little
You will see me again in your smile
I promise

會再見面的

不管何時何地
我都會在你們身邊
下一趟路程　我將不會與你們同行了
這是我與你們共渡的最後美好時光
相信我
你們不會忘記我的
尤其
當你們恐懼不安
當你們徬徨無助
甚至當整個世界似乎遠離你們而去時
記得要閉上眼睛
深呼吸哦
就在你們覺得稍微好一點的時候
又會在笑容裡再次見到我
這是我的承諾

Keshin

三、不可思議的連結

今晚解讀完時，整個腦子思緒澎湃，非得到隔壁咖啡廳坐下來好好沉澱、一一寫下不可，才能給自己一個交代。今晚人不多，肯坐在外面不吹冷氣的人更少。Raj 端上了我愛喝的啤酒，幾天下來跟我混的很熟了，今天剛好老闆也不在，所以過來蹲在我身旁，跟我聊的起勁，突然，一把摸住我的手，深情款款的問我，願不願意跟他結婚？！這句話由靦腆的二十三歲男孩嘴裡說出，讓我這個身經百戰的熟女差點招架不住。我表面維持鎮定，心裡卻是大感驚訝。通常我對喜歡自己的人，很容易察覺出來，但面對眼前這位「菜鳥」，則完全狀況外，「無跡可循」。

我還真不是假謙虛，在台灣平日出門，我一定會打扮，但自從來了馬來西亞，打扮這件事好像離我很遠，行李箱的衣服大多是要留到北京穿給男友看的冬衣，出國前原本預計只來東南亞三天，所以這個禮拜反覆穿著那三、四件打折過後再半價的 Giordano T 恤，任何的美麗都已酸成「霉力」，哪剩什麼「魅力」來勾引男人啊？算算這輩子跟我求婚的男人，包括不當真、開玩笑的，手指頭都不用拿出來算，次數幾乎是零，直到去年男友頭次向我求婚……哎！真如聖哲所言，我的桃花運開了，管它好桃爛桃，尤其是這幾年，當我沒在追求婚姻時，卻有人急著想跟我結婚，這讓我欲哭無淚，哀嘆自己：什麼命運啊？！

正當 Raj 想繼續再聊下去時，老闆 A 來了。幾天不見，A 以為我已離開馬來西亞，所以看到我時很高興，馬上就上前過來問好。我告訴他這幾天的收穫，他說真的很想看看他的葉子，如果可以，希望 Guru 幫他的預約排早一點，好讓他如願。接著問我明天晚上是否有空，想請我試吃幾道新開的菜單，給他一點意見，順便會準備一瓶上等的紅酒等著我……嗯！該不會這個也要向我求婚吧？因為到目前為止，我真對婚姻沒有興趣，幾天下來解讀這麼多葉

篇，居然沒想點名求看自己的「婚姻篇」，連個好奇心都沒，不免讓我納悶。

回到旅館，精神正 high，離睡眠好遠。這幾天拍了好多納迪葉的照片，想把它們一一 po 上 FB 分享，但當時對 FB 惱人的複雜功能很生疏，而蘋果電腦 iOS 系統也還沒完全搞熟，照片一直就是上傳不了，搞到三、四點……把我氣炸了，開始左罵賈伯斯右譙祖克伯，這一拖拉古「高科技始於人性」的 Bull-Shit，在夜深人靜的吉隆坡，不知不覺中，正在「剝削」著我的人性……

20

　　昨晚睡的少，窗外隔壁那棟住宅大樓，個個外露的冷氣機像一批廉價的音響喇叭，在夏夜裡跟著主人們的打呼聲，盡情放開了嗓子，齊聲對著我單薄的兩面窗，嘶喊出自己懷才不遇的歌喉，足足吼叫了幾天；這幾天可能因為太興奮，一直以為聽到的是自己的心跳聲，直到今早才意識到。難不成昨晚兩位科技巨擘早有防咒罩，已把我對他們的怒罵折射回到我自己身上？因此今天從一早就不順，一直無法安眠不說，早上昏昏沉沉的好不容易睡著了，十一點多，街上車水馬龍的吵雜聲，又把我叭醒了，可想而知，這會是多麼不順的一天。

　　我有自知之明，這樣的狀態什麼也幹不了，所以打電話給 Guru 取消今天的預約，自己慢慢拖著緊繃、疲憊不堪的身體，扛著包包龜速移動到咖啡館外曬太陽，全身處於睡眠休機狀態中，吸取著太陽能，1%、2% 微弱的充著電，兩杯黑咖啡也加速不了自己見底的電力……

　　這時 Raj 殷勤的過來關心，還問我昨晚回去是否有「好好考慮」自己的終身大事……這個不知死活的傢伙，今天小姐我臉上顯然寫著「FXXX Off！」，此刻誰要敢過來跟我說話算他倒霉！

　　我慢吞吞的把筆電又拿了出來，卻一個字也裝不進「秀逗」的腦袋……接著想上網，店家 Wi-Fi 又不知怎麼的也跟著掛了；想抽根煙，拿出的打火機更「壽終正寢」，吐也吐不出一絲火花來。在這股「衰流」中，我只好自己摸摸鼻子，把墨鏡帶上，像鱷魚一樣，把嘴「啊」在烈日下曝曬著，等待著下一個自動送上們的獵物來挑釁，好讓我再狠狠咬上一口。

　　我的腦波活動一切靜止，停格在一條沒有動靜的橫線上，就這樣好久……直到突然遠處傳來一陣躁動，彷彿聽到有人叫我的名字，瞇成一條直線的瞳孔裡出現一張熟悉的面孔——原來是 C，聽說我今天不舒服，特地過來看我，剛

到旅館找我找不到，想到我可能在這裡。我一看到他，馬上精神又來了，立刻合上我的「伶牙俐齒」，你一句我一句的聊了起來。

這幾天也難為他了，像家人般照顧著我，還提醒我葉子上的提示，跟我約好明天早上九點半陪我去猴神（Hanuman）還有杜爾嘉女神（Durga）的神殿為家人點燈，順便對著在旁陪同的朋友，把我怎麼與納迪葉相遇的過程，從頭到尾再說了一遍。我跟他提起房間噪音太大，但今天實在沒力氣搬，或許明天就得換房。在連喝了三杯黑咖啡都還是在打盹的慘狀下，我想現在最該做的就是回房睡覺去。

一回到房間，顧不得隔壁繼續傳來的噪音，被單往頭上一蓋倒頭就睡，隱形眼鏡都懶得拔。就這樣一睡睡到晚上八點多，開始收拾行李，好明天一早就換房。

十點回到咖啡館跟 A 碰面，他早已準備好一瓶紅酒等我，新的菜單上有意式海鮮沙拉、烤麵包番茄起司，還有幾道精緻的大蝦、烤羊肉與魚排。其實找我來做刻薄的美食評論，可真是找錯人了，對著這道道免費的美食佳餚加上等紅酒，再怎樣也難以讓我吐出任何嚴厲苛求的字眼，於是就這樣，我跟 A 又吃又喝又聊的，聊到打烊還不肯走。

A 從酒櫃裡再拿出一瓶紅酒「續攤」，兩個人一直聊到凌晨兩點！A 說他多年來不管睡得多晚，都會自動在凌晨四點起身靜坐個十來分鐘，再回去睡覺。真沒想到一個天天在商場較勁的企業家，為了靈魂平靜的一刻，竟肯如此付出自律的代價。一看錶，哇！不就再兩個鐘頭他就得起床靜心？我不好意思再聊下去，想他可能看我正聊的開心而不好意思先喊「卡」吧！但看著他眼皮都快張不開了，於是喝完最後一杯，謝謝他盛情的款待，各自回家，為原本不順的今天畫上完美的句點。

21

夜裡隔壁的冷氣機持續不放棄的發著沒有觀眾青睞的破嗓音，波長不斷地敲擊著我的耳膜，也將我的腦壓升高到海拔最高點。

我再也無法忍受！真不知這幾天自己是怎麼熬過來的？我把窗門緊緊的關上，還是無法防堵它們從門縫裡的侵蝕；我把耳道塞滿了衛生棉，終究還是抵擋不住它們無所不在的威力。所以一早七點不到，我就把行李都收拾好準備撤退。幸運的是，換的房間就在對面，旅館貼心的派了清潔員來幫我一起將全部的行李拉到對面去，所以短短十分鐘不到，我就已在沒有窗戶的新家泡起三合一咖啡，為我今日的「喬遷之喜」慶祝。雖沒有窗戶，但這家旅館整棟附近四面楚歌的都是大樓，難保不會再重回「淪陷區」，所以就算旅館一再強調：「Completely No Window ！」（完全沒有窗戶），我還是欣然地接受了他們救命的安排。

今天 C 準時九點半就到，我們很快的吃了早餐後，就步行到「猴神廟」（Hanuman Temple），這神廟緊鄰著幾間廟宇，待會兒接著要去的「杜爾嘉女神神殿」（Durga Temple）也正好就在隔壁。猴神廟與幾家廟宇同坐落在一排有騎樓的建築物裡，在騎樓裡拖掉一次鞋，就可一個接著一個的進出每一間廟宇。

猴神廟入口處右手邊，豎立著一座盛滿了燈油的大瓦缸，一捆粗大的燈蕊延綿的曲捲在缸中，火不斷的從缸嘴吸滿了油的燈心上，日夜不息的燃燒著虔誠者的信仰。我買了好幾個小油燈，一個一個將它們一一靠近引燃，希望藉由這把旺火的延續，好將這延伸兩代無盡的怨與仇，化為縷縷青煙，揚升成為我無限的祝福。

巨大的猴神阿努曼（Hanuman）神像全身漆上色彩鮮豔繽紛的顏色，很難讓我忽略 iPhone 的方便，好將它的英姿永遠收藏在我的數位記憶裡。這時一位

印度婦女走過來，用著字正腔圓的正統英語叱喝，這可是神聖之地，請我不要如此瀆神……

走出猴神廟後，接著走入了杜爾嘉女神的懷裡。杜爾嘉女神不同於其他女神美麗、溫柔的形象，她是降魔正義之身，全身是黑色的，神像不大。走進時正好法師在她面前做完祈福，於是我將兩手放在貢火前接受它的光，再把這份祝福往臉拂上，最後法師在我的額頭上畫上一個句點做為祈禱的結束。我開始喜歡上這樣的儀式，好像不管你所問所求為何，都會在這一刻得到回應而圓滿謝幕。

走出神廟穿好鞋子後，C興奮的走過來，拉著我走向一個白髮藍眼的中年男子，C說他就是我找了幾天賣果核珠的攤販。我一看，完全不像個印度人，問他來自哪裡，他瞇起雙眼，說自己來自尼泊爾，從他乾燥脫裂的眼尾上擠出的皺紋裡，告訴我，他實際年齡應該年輕許多，我一直要找的五面珠，甚至單面、兩面、四面，他這裡全都有。我選了一些切面線條比較清楚的幾顆，C則在旁忙著砍價。

不知怎麼的，讓我想起哥哥前世就是尼泊爾人，或許以前就像這位站在我面前到處漂泊的攤販這樣的歷盡滄桑；巧的是，他的攤位正好就在Durga女神的正門外，而我今天之所以會來到她的面前參拜，也是為了哥哥而來。一個現在的自己與以前的他，好不容易在此刻相會了，突然一陣心酸，立刻轉過身來告誡C：真沒必要為了幾百塊台幣在這裡為難他，人家賺錢不容易，世界上不是每個人都是騙子。所以不管C在旁如何阻止，我一毛錢也不砍的把五十元馬幣塞到攤販手裡，趁眼淚快要掉下來之前匆匆離去……

今天應該就是我這趟旅程中的朝聖日吧，因為緊接著要去的是穆如佳神殿（Muruga Temple）。這是馬來西亞一座非常大的神殿，坐落在一條寬敞的大街口上，殿裡金碧輝煌、聖麗淨潔，明亮通風、挑高的柱子上樑棲息著許多麻雀與鴿子，午後啾啾悅耳的聲音迴盪在空曠涼爽的中庭裡，在這裡讓人感到有如置身於神話圖像裡的世界，飄飄欲仙的猶如來到了仙界，久久不想再回人間……

猴神阿努曼（Hanuman）神像

參拜完孩神穆如佳後，走出了神殿，走到路中央正要過街時，C又遇上友人，兩個人站在烈日下又聊了起來，把我晾在一邊，這一聊起來，又不知何年何月。我見狀趕快躲到椰子樹的庇蔭下，我的皮膚要是持續被馬來西亞熱情的太陽吻上個十來分鐘，包準立刻質變為科學家手裡實驗失敗淘汰的項目：焦腫、冒煙、無生命跡象。

回解讀室前，我們繞到菜市場角落一家路邊攤買好吃的酸辣涼粉，還有其他看得眼花撩亂的甜食。我最喜歡看到攤販熟練的用報紙包下馬上要吃的食物，每每這樣盛裝的小吃，就是有著它無可取代的「在地尚讚」。我們順便也幫Guru準備了幾份素食，然後油答答的一路拎回解讀室，不等Guru乖乖將桌子鋪好，就一股勁的把它們全往桌上一攤，大包小包的一個一個扒開，然後用手抓著吃了起來。好像孫悟空跟豬八戒又來攪和了，唐三藏一旁尷尬著，Guru斯文的餐桌禮儀對比我跟C兩個狼吞虎嚥的吃相，這時耳裡陣陣傳來今早那位操著英國腔的印度婦女對我的訓誡⋯⋯

由於葉子已經看得差不多了，只差一些必須到廟裡連接特定神祇的程序，我得把所有的解讀費結清再說。前幾天從ATM裡取出的馬幣，有一張面值五十元的鈔票居然缺了一大角；吃完飯後，C堅持陪我到銀行換取，認定他們一定會因為我是外國人而不認帳。後來到了銀行，果真因為C咄咄逼人，才成功的說服經理幫我換回一張可以用的鈔票。

告別了C，我在回旅館路上又經過那家銀樓，因為只有他們有我喜歡的簡單款，今天無論如何要在這裡把耳洞穿起來，所以得面對鑽耳洞的事實。但想起那個阿公，希望今天奇蹟出現，他們會換個阿嬤來幫我。然而「你所懼怕的一定會持續」，顯然店裡唯一只有阿公可以勝任這項「血淋淋」的工作，我的命運似乎躲也躲不過這位白髮阿公滿手油垢的魔掌。

他看到我又來了，不等我質疑他手洗了沒有，黑污污的指甲緊扣握在一瓶標籤脫落、號稱是麻醉劑的噴罐，（看起來怎麼這麼像家裡廁所用的芳香劑？）往我雙耳各噴半下，然後十秒都不等的一把抓住我的右耳垂，死命的用鑽子往上硬戳，鮮血馬上流了出來，真的把我痛死了！我破口大罵，阿公叱喝的說：

「越罵越痛！想早點結束痛苦，就得把嘴巴閉上！」……我想會搶劫銀樓的人，一定都有耳洞，一定都是阿公手下蹂躪過的受害者……

我的右耳還在淌著血……

阿公叫我到隔壁便利商店買瓶 XX 油。

XX 油等於萬金油等於辣椒之最：鬼椒。

真不能怪我鬼叫，哇！！！！

這時是最需要親人在身邊的時候，嗚……

只好回去找 Guru 救我……

Guru 見狀，嚇了一大跳，怎麼會穿個耳洞差點穿出人命來？我拿出那瓶要命的 X 牌油，不小心又把沾滿辣油的手往眼睛抹過……

×&%_%$@！！！！%$#￥@%^&**！！！！！！……

半小時的急救，水，肥皂，N 多舒潔衛生紙。

我好想我媽啊……

Guru 叫我好好坐著，別再輕舉妄動了。

最後是椰子油，終止了這場悲劇。

拿掉了隱形眼鏡，我模糊的回到旅館休息，直到晚上六點再回解讀室，為家人做了約一小時的儀式。今天受盡委屈，一定得好好吃一頓，好彌補身心靈嚴重的創傷。A 前來關心，約我明天跟他到檳城吃美食，順便看看他的分公司，叫我回去早點休息，準備好明早八點半會到門口接我，這才又把我給哄了回來。

22

　　真感謝 Guru 這瓶「普渡眾生」的椰子油，以為飽受摧殘的右耳一定腫的像肉丸一樣，今早一看，不僅消腫了，傷口也不疼了！

　　早上七點半就接到 A 的電話，提醒我，一個鐘頭後車子準時會在旅館門口等我，我想到要去檳城又吃又喝的，就樂壞了，早已把昨天悲慘的事件忘得一乾二淨。換了新的房間，昨晚果真一夜好眠，一起床立刻就精神抖擻的，淋浴、洗髮、護髮、敷臉、化妝全在一個小時內搞定，噴完香水正要準備走出房門時，A 匆匆來電，吱吱嗚嗚的說什麼檳城下大雨，分公司又漏水，出乎我意料之外的，說要取消今天的行程……

　　這消息來的太突然，真的讓我不知所措，一早大好的心情一下盪到谷底。我都已盛裝打扮準備好出遊了，怎麼這麼衰啊？！失望的掛上電話，臨時不知該做什麼，這麼早，商場也還沒開，怎辦？我叫了部計程車，心想就只好邊開邊「走著瞧」。正當計程車要上高速公路時，看到右邊的希爾頓飯店，想到心情這麼差，到五星級的環境轉換一下能量總沒錯，於是在十元馬幣都來不及跳表時，就已到了希爾頓門口，接待員正開著車門迎接著「后駕」的蒞臨。

　　今天不高級一下真的不行。想想這次來，哪兒都沒去，每天這麼用功，應該給自己鼓勵鼓勵才是。希爾頓一樓的 Lobby 一整面諾大的落地窗，出現的正是時候，旁邊空出一個兩人坐的小餐桌，這就是我此刻最需要的懷抱了，所以我一股腦的往那兒投了下去，一個人靜靜的坐著，不斷回想著今早被放鴿子的事。真想不通，好不容易一趟出遊機會，怎麼會無端端的就這樣泡湯了呢？這時美麗的希爾頓服務小姐溫暖的送上一杯熱咖啡，再奉上一碗滾燙的米粉湯，療癒正在悄然發生……

　　一個多小時過後，我的情緒才逐漸好了起來，不過卻怎麼樣也提不起勁兒去商場 shopping，所以打通電話給 Guru 看看是否方便過去，好讓我把今天這個

爛桃花事件再向他抱怨一下。Guru 說新加坡朋友中午才會到，不然就先過來坐坐吧，聽了我心情立刻好了許多，想想或許今天還是不宜下「凡塵」吧，只好坐上計程車，乖乖的又回到了解讀室。

剛上樓沒多久，C 就來了。碰巧前幾天見過面的大師也來加看他的「靈性篇」，順便又帶了一位年輕朋友來找納迪葉。這位剛「入門」的年輕帥哥，談吐舉止之間帶著一種「know it all」（無所不知）的輕狂，雖然大師在旁極為讚揚這位「事業有成」的年輕人，令人敬佩的終究還是大師本尊寬大的胸懷，竟可忍受這樣的晚輩，要我不早將他給踹死？！

Guru 請我在為大師解讀時先在外面走廊迴避一下，沒想到大師居然一點也不介意，還邀請我旁聽，謙稱為「共同探索靈性」。C 一直跟他說，我與納迪葉非常有連結，天天努力不懈的鑽研著，一定是聖哲阿伽西亞召喚來為華人世界傳播納迪葉訊息的……寫到這一段正是一年後的今天，當初 C 隨意說出口的想法，在此時此刻已成為既定的事實。這一年內，我已把 Guru 請來台灣，前後辦了四場納迪葉分享會，知名出版社自動找我們簽約寫書，再過幾天書稿即將印刷，不久就會上市，這是我這輩子寫的第一本書，也是全球第一本以中文出版的納迪葉著作……

大師的「靈性篇」相當的精采！他在一旁笑著不斷地點著頭，一個鐘頭從頭到尾，不發一語，倒是隔壁那位「社會菁英」聽的一頭霧水，不斷皺著眉頭，想不透的故作無聊狀。之後 Guru 為了不浪費新加坡兩位朋友的時間，先把她們的 Asi Blessing Canto（祝福篇）錄下，好讓她們一來就可下載。

C 在旁猛推薦我，為了讓我收集更完整的資料，他強力建議我一定要見識一下另一個納迪葉神奇。他解釋自己每個月有會有「祝福篇」，也就是聖哲會在關鍵時刻給你一帖「錦囊妙計」，及時引導你進入順流；但不是每個人都有，得看與聖哲之間的連結。順便提醒我，我的葉子上面，聖哲也將會給我「祝福篇」，不過得看 Guru 每次打開的葉捆裡有沒有我的個人訊息，不見得每次都會有……這下換我聽的一頭霧水，也因此加深了我對「祝福篇」的好奇。

在打電話徵得兩位當事者同意後，Guru 開始錄製。我完全不認識當事人，

但對葉子上的細節印象深刻，令我驚奇的是，聖哲居然鉅細靡遺的陳述著這兩位朋友的現狀與處境。其中一位在上個月前曾救濟過一位孤苦伶仃的老人，聖哲阿伽西亞不僅完全知情，還特別提及此事，並誇獎她的善德；另外一位的好友因病住院，聖哲叫她不用擔心，並給予建議該如何解決。居然連她朋友的名字都叫的出來！這真是讓我開足了眼界，不禁在旁嘖嘖稱奇，不時睜大雙眼，連連發出驚訝聲：「Oh...My...God..., Oh...My...God...」

而「Oh My God」正是當時我最想對 God 說的一句話。

訊息上詳細告知他們什麼時候會換工作、什麼時候會旅行等等。錄完音後，不久兩個朋友終於到了，這兩位新加坡的朋友每個月都會來馬來西亞與 Guru 見面，常常煮上大堆好菜特地帶來給 Guru 吃。今天也不例外，聽到我來自台灣，非常高興，所以也請我留下跟大家一起享用午餐。餐後 Guru 說，今天會順便解讀「世界篇」，我可以順便留下來聽聽。

我開始明白今天所發生的一切為何了：為何自己今天怎麼樣也離不了葉子十里之外？背後似乎一直有股力量把我拉回解讀室；為何一天之內讓我碰上兩篇「祝福篇」還有每半年才會揭示的「世界篇」？為何會這麼巧？今早還在為沒去成檳城而哀悼，無法理解對方不合邏輯的臨時變卦，此刻我卻開始感恩起自己是如此幸運，能參與這場見證。原來這一切都是為了來成就這一刻，好讓我有機會全面體驗到納迪葉的種種神奇，好讓我因此會坐在這裡寫下來給正在看這本書的你……

今天在場聽到「世界篇」的總共有六人，我相信這一切絕非偶然。

以下是當天收錄的「世界篇」：

我 Agasthyar 在敬拜過恭敬的濕婆神後，傳達葉子上攸關宇宙世界的訊息。當這片葉子被揭示時，你們今天在場的所有見證人都將受到祝福；你們生命中將會有許多美好的事發生，你們內心一些沒必要的擔憂也將消失，同時你們會擁有更深的智慧。

世界週期有四個階段，目前你們處於第四個階段，現在要告知你們的就是

kali Yuga（梵語所謂的黑暗時期）階段的狀況。

　　這個階段的你們，正面臨著許多問題，這些問題與擔憂會讓你們感到好像世界末日即將來臨，會感到道德與正義蕩然無存；家庭、宗教、國家還有整個世界似乎都處在失序的狀態中，而每個人卻都痛苦的活在高傲的自我裡，每個人都捨我其誰的想當王。在這個時期裡，會出現許多領導，許多大師，而好的領導者與大師卻不被人珍惜與尊重。

　　在這個時期，人類只用到五個感官；動物最多有五個或更少，你們應該有六個才是。雖然如此，人類卻以為自己已達到七個，這些現象都再再的顯示著，你們目前正處在 kali Yuga 階段。

　　在這個階段中，男女會越來越不分。人類開始時是男女有別，然後男人認為女人是低他們一等的，因此出現了很多法令與制約甚至宗教教條，好讓女人們聽從男人；他們讓女人們帶上厚重的頸鍊與耳環，然後讚美她們，好把她們留在身邊，當時整個社會就是這樣運作的。但現在，這些約束已漸漸被移除，越來越沒有限制，也導致男女越來越不分，因為女人已不再認同這種方式，她們要與男人平等。

　　現在換作女人們讚揚男人，但卻也在這樣的狀況中，Kali yuga 悄然誕生了。當五行的力量把生命帶到地球上時，整個世界處於初始無秩序的狀態中；所以當社會開始失序，而開始走向無秩序時，這個世界也將會毀滅，而你們失序的現狀，無形當中已孵化了 Kali Yuga。

　　到目前為止，任何有關世界末日的預言或曆法都不會發生，上述你們的現狀顯示著，並不是末日的結束而是開始。首先，你們一些累世的傳統與思維會先慢慢瓦解，五行的力量會一個一個開始反撲，好讓它們回到初始態。很久以前，世界變動繼而板塊分離，因此出現了許多國家，同樣的情形會再發生，在遙遠的將來，也會有許多新的國度相繼出現。

　　距離下次世界變動的時間，你們還有一段很長的路要走。當初五行的力量經由四種方式：子宮、卵、高溫、水，啟動了 8,400,000 種生命，216,000 這個數據乘以 20，等於 4,320,000，這就是四大時期的總年數。你們才過了四、五千

年，所以還會持續一段很長的時間。[3]

在接下來的 20 年裡，國與國之間的軍火角力衝突會激烈到最高點，領土問題使得回教世界與英語國家衝突不斷；期間雖有其他國家介入，但之間的誤解無法化解，因而將會造成巨大的毀滅，要五、六年才能平和；然後又再 28 年以後，衝突才會結束。

原子能量所產生的力量，也會被同樣的能量毀滅，只有在喜馬拉雅山的鄰近國度，會把和平重新帶回世界。之後世界還是持續運作存在，五行的力量會慢慢不斷的反撲、不斷的清理，直到一切回復到初始態。

世界在濕婆神的孕育中，是初始期，它成長壯大，目前你們正處於第六階段；到了第七期，所謂的世界毀滅才會發生；而到了第八期，世界將會重回它的初始態，一切重新開始。

你們的世界會變得如何，完全要看你們自己現在所採取的行動，如果你們意識到這點，好事才會發生。

常誦「Om Namashivaya」，會啟動你們體內五個脈輪，將第一與第七脈輪連結，這麼做會提升到較高的意識狀態。

Kali Yuga 的毀滅力量會在幾個不同的地方發生：酒精高度消費地，女人被壓迫與性交易頻繁之地，金錢賭博地，黃金大量採伐囤積地，還有在充滿憤怒、嫉妒、貪慾的環境與地方等等。

這片葉子的訊息到此為止，接下來的訊息將會在不同的時間點告知。

又是一顆炸彈，往我頭上扔了下來！驚世的震撼訊息……

大家在聽了之後開始討論起來，我當時因為只是錄音，沒有當場記下，一下子引爆了我一大堆問題。我有的時候會這樣，就是：本來理解的東西會因新的概念搞不懂，而連帶把原來已懂的，全部又翻盤，然後弄到自己非常的困惑。於是晚上在一行人都離開後，Guru 親自為我一一講解，一直到十二點多。他說恐怕今天的訊息量太多，我應該是太累了，明天會空出整天的時間來繼續

---

3. 《Naadi Palmleaf Astrology》, p.14, by Kim Paisol。參見 P.169。

為我解惑。為了感謝他與 C 這兩個禮拜的情義相挺，還為了服務我一個人，而推掉了許多預約，所以告訴 Guru，明天中午要好好請大家吃頓飯，已表謝意，Guru 欣然的答應了。

　　走回旅館時，門口臭水溝邊不斷冒出一堆蟑螂來。其實它們一直都在，然而這幾天，我居然可以為了解讀，而完全對這些原本對我威脅性極大的生物無動於衷，每天竟不惜跨越這條「蟑螂大道」，就只為了幾片葉子！這聽在家人耳裡簡直不可置信。我是一個可以在凌晨一點看到一隻蟑螂就會「六親不認」的打電話叫家人來將它打死才肯睡覺的「蟑螂恐懼症」重度患者。我對納迪葉的熱情，竟遠遠高於長期以來對蟑螂的恐懼！到底是什麼力量，在背後支持著我對納迪葉永無止境的追尋？

23

　　原本今天一早，打算為母親去象神廟連結九大行星，所以早上九點就起床了，結果發現要在晚上特定時間才可進行。打電話給 C 跟 Guru，跟他們確定中午請他們到附近一家素食餐廳吃午餐。上次跟 C 路經一棟伊斯蘭風格的白色建築物，外面有著幾株高聳的棕櫚樹，賞心悅目，景觀非常宜人。他說這是一家慈善機構，一直以來為贊助地方藝術不遺餘力，除了提供許多藝術相關課程之外，還開放無償素食館；雖然現在已不再免費供應，但裡面氣氛相當不錯，當時我一直想找一個高級一點的餐館，特別看上了它雅緻的裝潢，所以今天中午的宴客自然一定選在這裡。

　　中午 Guru 請助理開車戴我一起過去。這裡的餐飲以自助式素食為主，裡面設備不管是餐具或是室內擺設，都還算講究，一點都不寒酸。菜色以印度料理為主，每一道都很好吃，光看到這各色各樣的菜餚，就足以讓我將整個空盤盛成一塚滿滿的小山丘。

　　我學著他們用右手抓著吃，但總是把盤上不同的醬料和米飯攪成一團泥，然後用五根指頭往裡面撈起再塞入嘴巴，吃的滿嘴都是醬汁不說，衣服也弄的一塌糊塗……C 建議要不拿件圍兜給我，把 Guru 笑的眼淚都掉了出來，很難想像這是昨天那位因困惑而跟他爭辯到面紅耳赤的女魔頭。於是三位聯合一起，為我示範起他們老祖宗千年傳授的正統印式手抓法，但是印度薑黃的沾著力，畢竟還是略勝台灣花王漂白劑一籌，讓我白色的上衣至今還殘留著當時邋邊的證據。

　　付錢時，四個人吃得飽飽的，卻只要了四十元馬幣，覺得這家實在佛心不過，所以付了一百元。吃完我們上樓參觀他們各種不同的才藝教室，到了假日，當地的印度人都會來此，把每間教室擠得水洩不通的。讓我特別感興趣的是正在進行的南印舞蹈：一群頭髮插滿了茉莉花的女人身穿沙麗，赤著腳在星

期日的午後曼妙的跳著舞，徜徉在鈴聲與笑聲中，歲月真是悠哉啊！這樣的教室一直延伸到四樓，另外還有不同的兒童才藝班。

一樓餐館隔壁的商品店，賣的全是印度家具與居家擺設，非常有特色，幾乎每一個我都很喜歡，逛了好久遲遲不捨得離去，特別是一些刻有拉卡希米（Lakshmi）女神的掛飾品。我看到一個桌上型的木製祭壇，裡面還有一個銅製的「Dancing Shiva」（舞中的濕婆神）神像，整體設計相當有美感，像個藝術品，價錢不算太貴，約兩萬八台幣，讓我當場就想買下，卻被 C 阻止，認為太貴了，還得考慮海運回台。

但我不想就此作罷，C 在旁一直勸說，再次提起下個月跟他們一起回南印拜廟的事，建議我去大肆採購家具後再一次運回台灣，不更兩全其美？這才說服我「放下一切」。後來驚喜的是，Guru 隨後買了一個我看上的那個漂亮又有質感，上面刻有拉卡希米的銅製掛鈴，送給我做為紀念禮物。他說從我的葉子上知道，她的能量跟我很有共鳴，將它掛在門口會為我帶來好運。後來這個高高掛在我門口的女神，果真在幾個月後迎接了納迪葉的台灣首航，也迎接了 Guru 這位首位登台的納迪葉解讀師……

隨後我們回到解讀室繼續昨晚的對話，Guru 希望今天能為我徹底解惑。不巧的是，下午吃了一堆澱粉讓我昏昏欲睡，提不起精神來面對這些宇宙奧妙。對 Guru 而言，我困惑的還不只在靈性層面，對 3C 用品的遲鈍也讓他看不下去，忍不住自動「下海」，幫我把他錄製的所有錄音備份也一一上傳到我電腦裡。幾天下來，他已比我清楚蘋果電腦的系統，輕而易舉的就搞定了影音與圖像下載，自己怎麼還是這麼不長進啊？！他叫我回去好好休息，晚上會再抽出時間繼續跟我討論，無論如何也不會讓我帶著疑惑離開馬來西亞的。

吃完就睡還是我比較擅長的本事。中午兩塊 Nan（印度餅）加上一大碗飯，很容易會在太陽下山前讓我遇上周公，醒來時差點就錯過了參拜九大行星的時間。

印度的主神廟裡都會設有九大行星區，每個行星有個代表神，共聚集在一個四方形的台桌上供人祭拜。我想，也不知何時才會有機會到南印參拜個個九

大行星廟宇，至少在這裡可以先奉上我的誠意與祝福，所以趕在廟關上大門之前入廟點燈祈福，順路再回到解讀室繼續我們的對話。來回走了二十分鐘的運動讓我清醒許多，昨天一些搞不清楚的概念在 Guru 耐心的畫完圖解後，一下子似乎都明白了。

　　C 這時趕著來見我，明天一早我就要離開了，今晚是大家相聚的最後一晚。過去這兩個禮拜，幾乎天天都聚在一起，就像我在這裡的家人一樣，現在已經開始想念他們了……大家相擁相互告別，當下似乎覺得應該會再見面才是。

　　獨自走回到咖啡館，都快十一點了，看到 A 在那裡，我早已忘了昨天的事，只想一人獨自坐著。他過來道歉，並含糊的交代了那天的狀況。通常在對方這樣尷尬的情況下，我總會笑笑的不再多問，有些事點到為止就好，何必強人所難？我們繼續聊著共同的話題，又是美食，又是靈性的。不經意的提到或許會去印度的打算，他聽了很高興，說正好他下個月會去台灣，然後會去南印，也許有機會再見面，還問我明天要搭幾點的飛機，可以先戴我去吃頓早餐後，再送我去搭機場快捷，遠比搭車還要快速。跟我約好了一早就到門口接我，我們一直聊到打烊後，我才回到旅館。

　　多年的旅行經驗，多少對打包行李已經習慣，這表示自己絕對不會是那種三天前就會把行李整理好的人，所以最後一晚才將全部的行李一一整理收拾好，直到凌晨一點才睡。

24

　　穿上北京的冬衣下樓，讓一早七點半就在樓下等著接我的 A，差點認不出這個大太陽下冬季版的新朋友。就算已經九月底，馬來西亞完全沒有任何換季的打算，太陽一早就開始進行暖身，八點不到，已預示著，今天正午時刻一定會融化你任何三十度 C 以下的想像。

　　幾天下來讓 A 知道，我對地方傳統小吃情有獨鍾，所以就算開車一路 pass 過幾棟豪華的五星級，也影響不了他帶我去一家不起眼、卻滿是人潮的素食店吃早餐的決心。這家老字號路邊小吃，果真菜色簡單卻好吃的要命！我誠實的食量打敗了他的胃口，讓他自己吃不到幾口，卻得不停忙著叫老闆一一端上不同的拿手菜來，好讓我過足了癮。

　　一個早餐吃下來，又燙又辣的把我外套上的領口逼出一排汗來，此時北京真的離我好遠啊……如果這樣好吃的素食天天拿來當早點，還真是不錯。A 說他幾乎天天都會來這裡報到，吃早餐的時間是他最可以當自己的時候了。我可以理解這位大老闆的辛酸：表面上常要為了應付場面，西裝筆挺的「ㄍㄥ」在一群跟他一樣辛酸的大老面前，面戴微笑面具，假裝很享受五星級裡規規矩矩的上流風度與刀叉禮節，私底下倒數著脫下西裝、穿上拖鞋沒人管的「平民」時刻。

　　A 戴我搭 KL Express 吉隆坡機場快捷，原來就坐落在希爾頓底層樓，一個多鐘頭的車程只要二十八分鐘就可到達機場，三百五十元台幣即可搞定。這時接到旅行社小姐急促打來的電話，這幾天她已經好幾次幫我延後到北京的班機了，今天特別打電話來確定，我是否真的會成行。當她知道我人已站在登機口前排隊時，才鬆了一口氣；她說前幾天忘了提醒我，今天正是我馬來西亞簽證到期的最後一天，若再不出境就得辦延期……

　　天啊，我還不知道馬來西亞簽證有期限呢，真讓我不得不相信，這完全是聖哲完美的安排，如此巧妙的讓我在自己與濕婆神相同的主星日來到這裡，然

後又剛好在簽證的最後一天順利的讓我離開，實在太另我驚嘆了！

　　上機前接到 C 跟 Guru 的簡訊祝福，在前往北京的班機上，回頭看著這三度造訪的吉隆坡。兩個禮拜前，我帶著一顆探索未知的好奇心入關，走進這塊在地球東南亞的土地上；一片納迪葉卻帶引著我通關，走入另一個次元的宇宙隧道，意外的讓自己的靈魂領回了失落千年的身分證，在過去、現在與未來三個時空裡進進出出，經歷了一場浩浩蕩蕩的靈魂尋根之旅。我不知道具體得到了什麼答案，整個納迪葉的體驗過程當中，一股深沉祥和的平靜，取代了內心多年來不斷冒湧的疑惑與猜忌。

　　飛機在晚上七點多降落在北京機場，一張熟悉俊秀的臉龐出現在我面前。三年前這張曾經陌生的臉孔，再度迎接了這個當年困惑的靈魂。

　　「好嗎？」他問。

　　「很好。」我答。

　　「告訴我，」他再問。

　　我停下腳步，轉身抬起頭來望著他那溫和與關愛的雙眼：

　　「Honey, I've found my peace.」我說。

25

到了北京後，與幾位朋友相聚，分享我的納迪葉震撼之旅，大家聽了非常激動，一窩蜂的想要跟著去尋葉，希望最好趕在 Guru 回印度之前，畢竟到馬來西亞要比去印度省事兒多了。於是我打了通電話給 Guru，看是否可以幫他們預約解讀。Guru 聽了有點為難，因為這兩個禮拜已推掉幾個個案，這下一群人浩浩蕩蕩的從北京來，真不知如何再對他們交代才是。勉為其難的擠出了四天給朋友們，後來因為簽證需要時間，無法配合 Guru 給出的日期所以作罷。C 在旁問我是否會去印度的事，當下我還沒有什麼具體的想法，總覺得我還需要沉澱一下⋯⋯

一回到台灣，我立刻就打電話給摯友 Dasha 跟她分享我的豐收，她總是能全然的感受到我的能量。其實我們認識不算久，也才兩年吧，當時天合中心來租借場地辦活動，一隻老鷹牽起了我們之間的聯誼，現在想起來，似乎又是聖哲精心的傑作。

我常稱 Dasha 是我的「最佳損友」，不同於其他「中規中矩」的靈性中心負責人，她總是能接受我這個「異類」，容許我毫無尺度、天翻地覆的胡作非為。我可以是滿臉慈悲、又光又愛的純潔小天使；可以是面目猙獰，滿嘴粗話的「正港」女流氓；可以是在大庭廣眾，眾目睽睽下「騷擾」她的「不良份子」；可以是音樂響起就三八的跳著美式艷舞「挑逗」她的「鋼管舞孃」；而在平常的日子裡，我是個簡簡單單做自己，吃吃喝喝、口無遮攔、滿嘴胡說八道、一百元熱炒店裡的「酒肉朋友」。

今晚，我則是個在旅程中無意間撿到一片註冊著我「宇宙 DNA ID」，一度迷失在地球上、最後一世的「自由靈魂」。Dasha 就是這樣，不管我是誰，她都可以用她那炙熱的昆達里尼拙火，將我每一個善變的面向，全都融化為星際裡一顆顆燦爛奪目的光球，只有「如實如是」的存在，沒有「好壞善惡」的分

別。在此刻，她更是我的「最佳摯友」，正坐在我面前，聽著我娓娓的為她道出一段精采的「納迪葉綠野仙蹤」，臉上不斷散發出喜悅共振的慈輝。

今晚她特地為我接風洗塵，設下「just you and me」的兩人世界紅酒豪宴，幾個小時 100% 的喜淚與笑聲，蒸發掉了整瓶 15% 酒精濃度的拉貝納蘇維翁。毫無醉意的酒膽，多次魯莽的阻擋了餐廳迫不及待的打烊，於是意猶未盡的再坐到百貨公司門外空無一人的椅凳上，頭頂淋著晚秋濕冷的綿綿細雨，繼續暢談無阻；然後延伸到戶外的 City Café，翹著腿啜飲著正冒著熱煙的咖啡拿鐵，最後在一開一合的「歡迎光臨」吆喝聲中相擁而別……

Dasha 這幾年來回南部主持靈性中心，國內外大小活動哪個沒見過，她說甚至至今還沒有任何可以像納迪葉這樣令她這麼心動的！激動到要我立刻帶她飛撲到印度的衝動，讓她全身強烈的顫抖著我滿滿的感動……「與其獨樂樂不如眾樂樂」，她說。

接著就破天荒的，在她的天合中心特別為我辦了一場個人納迪葉分享會。三天不到的預告期，吸引了三十幾位聞葉而至的有緣人。在這段期間，我浸淫在滿溢的狂喜之中，連續好幾天在夜深人靜的一人世界裡，止不住的書寫能量，讓我一篇又一篇的狂瀉，一陣又一陣的把震撼傳送到 FB 上與大家分享，每每持續到清晨，睡蟲完全抵不住這股磅礡澎湃、高頻意識的洪流衝擊……

我陸續的將所有在馬來西亞的錄音打成逐字稿，過程當中，我一直牽掛著我的母親，這是一位最後一世還可以讓我叫「媽」的「前世師母」。我決定為她赴湯蹈火、在所不辭，親自遠渡重洋到印度，一一參拜九大行星神廟，在沒有任何來世可備用的情況下，我再也沒有機會可以當她的女兒了，我必須在有限的時間裡，為母親解開靈魂旅程上無形的鏈鎖……就在這時候，朋友 J 再度回到馬來西亞，完成其他葉篇的解讀，並在回國當天，帶回了我第一個「祝福篇」的驚喜。

記得在我的「靈性篇」裡，聖哲阿伽西亞曾透露，將來會透過「祝福篇」傳送訊息給我，我心想最快也得等上幾個月吧，萬萬沒想到這個「將來」竟來的如此神速！回國短短不到一個月的時間，就收到了祂給我的個人訊息，讓我

感動不已！這是我生平第一次簽收到一個跨時空的「限時專送」。我的第一個「祝福篇」，內容如下：

這是給 Keshin 的第一個 Asi Blessing Canto（祝福篇），我 Agasthiyar，在敬拜過濕婆神後，今天在 Purattasi（十月）的最後一天，在此傳達這個訊息，這是給 Keshin 個人的訊息：

首先要告訴妳，聖哲們一直都在妳的身邊祝福著妳。為了讓妳的人生進入順流，並減少不必要的阻礙，我已向妳指引過道路了。當妳聽到這個訊息的時候，妳會發現，妳的夢想已開始在妳的人生中顯化。妳會發現妳的心智（thinking of your mind）會開始沉睡，而妳的靈魂卻已被喚醒，妳會感覺好像在做白日夢一樣，如同有著兩個不同的思想在拉扯般，妳會為此感到困惑。

妳不知道到底要像以前那樣跟著心智走呢，還是跟著妳的心、妳的靈魂所渴望而行（例如旅遊到新的地方、交新的朋友……等），所以妳會處在十字路口上：一方面妳還沒完全拋開以前那種事事得眼見為憑的習慣，現在也不完全接受這種不必什麼都得靠「證據」，而是憑感覺和自身領悟的靈性世界。

以前妳必須很努力的尋找支援，卻得不到幫助；現在妳不找，卻什麼都會自動送上門來了。所以雖然現在你還在困惑中，有些事情將會發生，而它會連妳自己都感到非常驚奇的。不止如此，妳許多前世裡所認識的朋友們，也都將會一一出現在你的生命中。

妳的願望正在顯化並持續擴展中，just follow your soul，妳會在不久的將來，接到我下一個訊息，這片葉子的訊息到此為止。

2012 年 10 月 15 日收到第一個「祝福篇」至今，我已陸續收到 16 封「祝福篇」了。驚喜的是，家人們從今年開始，也收到了這來自千年的宇宙即時通「U Cloud」雲端訊息。這跨時空的祝福，在這幾個月來，不僅在關鍵的時刻即時給予引導，指引我進入順流，而原本在其他葉篇裡所注定會遇到的難關，更是無風所以不起浪。令我臣服的是，聖哲對我當下每一個狀況，竟像 X 光透明

般的清楚，對我每一個困惑與擔憂，更是瞭如指掌。

母親牙齒不好，原本計畫入院開刀，聖哲阿伽西亞居然完全知情！並清清楚楚的告訴我，這是因她的第五脈輪（眼、耳、鼻、喉、口）堵塞（母親確實耳朵不好），同時更知道當時我正為她開刀與否憂心不已。聖哲阿伽西亞要我放心，她深受祝福，必將安然度過……神奇的是，在收到祝福葉幾天後，原本已定日期得住院開刀，醫生突然打電話來取消，說是可以再觀察，所以目前先不需要……

重複聽了這段錄音時，又再度被當時的對話震撼到了……一位千年的聖哲，是如何知道我每一個當下的想法與困惑呢？我得再次接受，這是個清清楚楚刻寫著我名字的千年葉片，上面描述著是我 2012 年當下的處境，它是我 100% 生活的實相，而不是 99.9% 的預言。

如同天使卡上的祝福，卻是一個為我個人量身打造的祝福。

感謝濕婆神（Lord Siva）感謝聖哲阿伽西亞與其他聖哲們，感謝 Guru，感謝 C，更感謝 J 促成一切機緣，並把第一份聖哲稍來的祝福帶回給我。藉此與大家分享，並期待下一片「祝福篇」的到來。

26

　　短短兩個鐘頭，天合中心三十幾人的分享會把納迪葉震到了台北心悅人文中心，其中一位負責人在看了我 FB 上發表的文章後，很有共鳴，於是安排了一場五、六十人的分享會。這時 J 剛回台，兩個人就共同把我們在馬來西亞的「納迪葉奇遇記」，在一個歡樂的星期天午後，傳開來了。

　　分享會後當天晚上，我搭上了飛往印度的班機，九個小時在曼谷機場的 Spa 館，兩套全身舒壓外加 double 時數，希望藉著四個小時的按摩，盡快把漫長的待機時間一分一秒的磨掉。每一吋都已放鬆的身體，差點就讓我錯過了登機的時間。擠在一群留著小鬍子的穆斯林男人中，從曼谷轉機到可倫坡，隔天準時抵達南印 Trichy（Trichinappally）機場。

　　這是我第一次來到印度，機場外治安人員個個手裡拿著卡賓槍，明顯的提醒了自己，已經來到了一個不得「輕舉妄動」的國度。走出了機場，放眼一看，在晚上一片清一色的「黑」and「更黑」的皮膚當中，沒有藍綠只有黑白。我原本就白皙的皮膚，瞬間自動更新美白系統，在亮白級別的等級中又往上躍升了好幾層格。顯然我已成了他們眼裡的白種人，在泰米爾納度裡，一概被歸類到外國人的行列裡，注定我這個不到 155 公分的身高，每到之處，一直會是個被人指指點點「鶴立雞群」的「Foreigner」。

　　兩個小時車子一路叭聲不停，搖晃行駛在凹凸的路上，讓我對之後要到更鄉下的郊區探訪的熱忱，開始打起折來……默默想念起家裡門口那條天天被我咒罵的狹窄小路……

　　晚上八點過後，來到了一片烏壓壓的 kumbakonam 城，讓媽媽年輕時舊照片裡的高雄街景，看起來宛如這裡的未來之都。當初選擇落腳在 Kumbakonam，除了考慮它的地理位置（離 Trichy 機場約 90 公里），對九大行星各大廟宇來說是個中心點外，還有它輝煌的歷史定位：全城 188 個寺廟，如同

指紋一樣，深深的烙印在這個早在西元前三百多年就已存在的千年古城，因此被稱為「Temple City」（廟宇之都），在 7 至 9 世紀曾是朱羅王朝的首都。

Kumbakonam 由 Kaveri 與 Arasalar 兩條河流一南一北平行貫穿沿繞著，是泰米爾省郡最古老的城鎮之一，繼承了傳統的絲織品與銅雕兩大輕工業，至本世紀初，一直是印度的教育與文化重鎮，因此有「南印的劍橋」美譽。而每 12 年才舉行一次的 Mahamaham 慶典，每每吸引數萬群眾，聚集於市中心的 Mahamaham Tank 池水淨身。

我下榻的新旅館在幾個月前才剛開幕，是這個老公公城鎮晚年得子最亮眼的驚喜，只是每三十分鐘就得停一次電的「器官衰竭」，讓我不得不相信，自己之前一定都住在萌翻的「幼齒」天堂裡……

唯一延續我旺盛的生命力的，除了美食還是美食。南印早餐幾乎無限量供應的 Sambar，是種蔬菜酸辣濃湯，有著特別的香味，通常跟著 Idly 米餅一起沾著吃，只是我通常會當它像湯一樣的喝著，每次平均續杯三次。這樣的食量不僅沒有將服務員嚇跑，反倒是每次要求再續一碗，對他們都是一個按讚的肯定，令他們開心、勤快的忙著來回為我服務。另外每早兩杯好喝的 Cha 印度奶茶成了我的最愛，不到幾天，已輕易的讓我背叛了一輩子一早手裡捧著的黑咖啡。

其實我對廟宇的興趣不大，總是記不住哪個神哪個仙的，似乎名字都很長。我想，第一次來印度，最大的動力除了來自對家人的愛之外，還有就是對納迪葉所有的一切充滿著好奇，非得來此探個究竟不可。

Guru 剛回印度休息沒幾天，為了迎接我的到來，特別挪出時間來陪我尋訪各地。我們向車行租了一輛車與司機，第一天先到當地幾家重量級的神殿。這些廟宇至少都是千年以上的大廟，其中離 kumbakonam 僅 3 公里路的 Airavatesvara Kovil（Temple），是棟 12 世紀的濕婆神神殿，裡面的主殿整棟像是一個巨型的古代戰車造型。殿內有一百個石柱，每一顆石柱上都雕有一則說不完的故事，十分壯觀，不管走在殿內或殿外，都讓人非常舒心。它與在坦賈武爾市（Thanjavur）的 Brihadeeswara temple（Big Temple）以及 Gangaikonda

Big Temple

Big temple 裡 Karuvoorar 三摩地

Kumbakonam 城的 Mahamaham Tank

九大行星代表神

Cholapuram，同列為聯合國世界文化遺產中，南印三大最據代表性的朱羅王朝建築；可惜的是，當地政府在保存文物方面不夠用心，很多損毀都置之不理。

記得第二次去到 Airavatesvara Kovil 時，廟外蓄積三天的雨水遲遲未退，我把褲管捲起到膝蓋上準備「撩過去」的舉動，把廟裡的人嚇壞了。南印非常保守，尤其認為女人露出光溜溜的雙腳極為不妥！哇哩咧……所以，這麼一個不成文的「潛規則」，硬是把我這顆誠摯的心拒於門外……這就是為何我不執著於任何宗教的原因，往往都是人為的主觀認定，扭曲了原本神聖的真諦。我深信靈魂自然而然都會與神性能量連結，所以「裸著一雙肥腿的靈魂」，同樣是會受到神的祝福的。

我從沒想過九大行星會有廟宇，不過想想，神作為一股能量，被人投射成各式各樣人的像貌，行星不也同樣是宇宙間存在的匯聚能量，為何就不能像神一樣，有個地方供人連結呢？這就是印度藝術幽默的地方：除了廟宇外，還為每一個行星設計代表神。

我是個沒有宗教信仰的有神論者，不特別喜歡也不排斥到廟殿，但就僅此而已，不會想成為哪一個宗教團體的派系份子。我與納迪葉聖哲們深深連結著，不認為他們是印度教或其他任何教派。一切神性是超越宗教的，我接受印度神像的原因，很主觀也很直覺——就是對這些五顏六色、千變萬化的造型愛不釋「目」，藉由這些賞心悅目的創意媒介，讓我可以與抽象的能量意識連結。對我而言，各個宗教背後所支持的神性能量如同頻率，各有不同，有的人可以與 AM 共振，有的卻是 FM 的忠實聽眾，這就是靈魂的自由，只要是與自己內心有所共鳴的，就是你的神。

九大行星廟宇距離 Kumbakonam 都不算太遠，除了土星廟 Thirunallar Darbarabyeswarar Temple 外，其他都可在一天之內來回。但我想，一生中能來這麼一趟真不容易，還有個印度 Guru 陪同著，誰知道以後是否能再有這樣的機緣來南印呢？所以順路安排其他景點，若有路經特別的廟宇時，還是會停下來參觀。

雖說是常旅遊，對新文化與環境適應力強，而且不管什麼食物都可以接受，但碰上大雨連連，又坐在沒有冷氣的中古車裡，顛簸的開在偏遠曲折的凹

坑泥巴路上，加上又叭又蛇形的「印度專屬」開車技術（有時還會邊開邊傳簡訊），幾天下來，也讓我這旅遊高手面臨到粉身碎骨的危機⋯⋯

參拜九大行星，希望藉著象徵意義達到實質效果。不能否認的是，廟宇凝聚虔誠者的集體意識，透過誠摯的心，在每個膜拜的當下連結宇宙能量，因此往往會起到心想事成、有求必應的作用。基於對聖哲的臣服，我一定會盡我所能的，來完成他們在葉子上所給予的建議與暗示。

行星廟殿與其他廟宇沒有什麼太大區別，其中印象最深的就是火星廟，位在「納迪葉之鄉」濕婆神藥師神殿（Vaitheesvaran kovil）之內（參見 P.138〈納迪葉緣起〉）。本來以為，全部的納迪葉都聚集於此，然而現今它們已各分散在 Valluvar（印度天文占星階級）家族裡，而不是同在一個具體的儲藏中心。廟口外「納迪葉一條街」，已商業化成為當地觀光景點，吸引各國尋葉人登門造訪。納迪葉解讀師程度良莠不齊，若是遇到詮釋不完整的，或許心裡就不會這麼踏實，不免暗自竊喜，慶幸自己能遇上 Guru Natrajh。

這趟旅程不僅是朝聖之旅，還是個深度文化交流。為了充分體驗印度特色，Guru 邀我一起參加朋友的婚禮，這真是令我振奮！我一直有個遺憾就是：當年好友 Sharmila 結婚時，舉辦了一場豪華的印度婚禮，我當時人在台灣；不幸的是我另一個好友 Michael 突然暴斃身亡，葬禮居然就在 Sharmila 結婚當天！而且一東一西，我不可能同時出現在洛杉磯與邁阿密。為了見到 Michael 火化前的最後一面，我選擇參加他的葬禮，Sharmila 因此一年沒跟我聯絡⋯⋯當時原來計畫要我穿上華麗的沙麗觀禮，衣服都幫我準備好了，至今這個美麗的遺憾深深烙在我的心上；後來就一直沒有機會穿，這次來印度居然被我碰上了！

為了參加這場婚禮，Guru 的朋友在婚禮前邀我到家中，親自教我穿沙麗，我因此瘋狂的愛上沙麗，上商場買了三件；為了出席這場婚禮，請裁縫師連夜為我量身趕製上衣，當天一早還到旅館為我穿上，順便幫我租了幾套珠寶佩戴。為了留住這一刻，婚禮過後當天，我特別請了攝影師記錄下印度版的自己，做為一生中最美豔的懷念。

這次造訪了幾位聖哲入三摩地之處：聖哲錫如穆拉（Thirumoolar）以及聖哲 Karuvoorar（參見 P.168〈十八聖哲總覽表〉）。許多書上都記載聖哲 Karuvoorar 入定之處在 Karuvai，但其實他的身體最後是在位於坦賈武爾的 Brahadeeswara Temple（俗稱 Big Temple）裡。Brahadeeswara Temple 是座全球遠近馳名的濕婆神神殿，也是現今印度朱羅王朝保留遺址中最具代表性的建築之一。整座神殿全是以花崗石建造而成，最特別的是，它的塔樓成金字塔型，坐落在一個正方型的地基上，塔樓在任何時候，甚至是在烈日下，也完全看不到它照應在地面上的影子，是人類建築史上的一大奇蹟。

話說當時國王為了一直無法將一個 Shiva Linga（濕婆神靈伽，參見 P.192〈印度眾神〉）直立於殿中而苦惱許久，後來遇到看似乞丐、口裡嚼著檳榔的聖哲 Karuvoorar，來到濕婆神面前，閉眼養神一會兒後，告訴國王，可以就地將它輕輕放下。於是國王即刻派人按著聖哲的指示，一放下後，果真從那刻起，這座巨大的靈伽至今動也不動的穩坐在殿中。神奇的是，之前我的「祝福篇」上，原本只有來自聖哲阿伽西亞一個人的祝福，而在去過了兩位聖哲三摩地處後，錫如穆拉、Karuvoorar 兩位竟相繼出現在祝福我的聖哲名單上！真是不可思議！

在印度期間，有幸與 Guru 的弟弟 Ilansezhiyan 見面，兄弟兩人都是解讀師，在離 Kumbakonam 兩百公里外的 Kanchipuram 有個辦公室。在印度，要成為一個解讀師很不容易，從十幾歲起，就得跟在師父身邊，接受各種嚴格的訓練。他們的祖父不僅是位解讀師，在當時更是一位大名鼎鼎的 Vastu Master（印度能量空間建築規劃大師），可惜 Ilansezhiyan 不諳英語，無法順利與我暢談。

這趟與 Guru 相處下來，覺得他的英文對談沒有問題，而且他完全沒有一般印度人的口音，反而有點歐洲腔，這點讓我覺得有點訝異。我問 Guru，為何在馬來西亞解讀時需要另請英文翻譯？他謙虛的說，自己英文有限，覺得還是有個流利的翻譯較妥。

就在我回台灣前一晚，Ilansezhiyan 來電告知 Guru，當月有我與父親的「祝福篇」，為了親自趕在我離開旅館前把訊息傳給我，必須連夜坐車到

Kumbakonam；而 Guru 當晚臨時找不到人為我翻譯，當下我就告訴他，其實他自己就可以做到，他的英文 OK，不用擔心。但 Guru 還是語帶保留的說，自己從未試過，不知是否可以勝任，我鼓勵 Guru 不妨試試。

後來隔天一早 Ilansezhiyan 就到了，為了能專心的為我詮釋，Guru 請弟弟解讀，他在旁當翻譯，就這樣為英文解讀「初試啼聲」，不僅成功的把訊息轉譯給我，連一點停頓也沒有。現在想起來，似乎是聖哲的安排，因為在此之前我曾想過，若是納迪葉果真來台，要是得透過泰米爾語、英語，然後再中文，豈不耗時耗力？這次無心插柳，柳成蔭，成為他日後來台一個有力的契機。

最後這片給父親的「祝福篇」在結束之前，聖哲一句話把我們都震住了：

為了日後帶給你與家人更多的祝福，我的兒子啊，我要把我們一項珍貴的東西送給你：我讓 keshin 帶回三捆納迪葉，做為我給你全家的祝福。回去後用紅布包起來，每天放三種不同的鮮花供在它們面前，不久你將會接到我下一個訊息，今天到此為止。……

我想，此刻我應該就像坐在銀行經理面前，等著他到金庫裡，把有史以來最大樂透獎獎金搬到我面前的那個最幸運的中獎人……

於是，三捆千年的納迪葉，就這樣跟著我到了機場。路上我跟 Guru 說，要是通不了關，如何是好？ Guru 笑著說，聖哲們會這麼做，一定有他們的原因，叫我別擔心。

到了機場，我的行李居然重達 50 公斤！好奇怪，從未這麼糊塗過，怎麼可能會讓它超重 20 公斤哪？！問題出在我買的濕婆神銅像，當時老闆說只有 5 公斤，我沒太去在意他說的是不是真的，臨行前很匆忙，根本來不及打包，稍

南印美食 Sambar 與 Idly 米餅

微看了一下，就封箱，一路上到機場都有人幫忙提行李，直到海關跟我說時，才知道超重這麼多。他們要我打開行李箱檢查，我想這下完了，怎辦？

　　他們先是看到銅像，然後就叫我拿出收據來。因為當初是直接去到工廠買的，因為比在店家要便宜許多，所以沒給收據。然後最扯的是，明明這個銅像新的發光，海關卻刁難的說，若沒有收據，就無法證實是新的，所以也可能是件古物。這時三捆納迪葉就靜靜的睡在銅像一旁，海關接著掀開我用來蓋葉子的衣服，指著葉子問我這是什麼？當時我一直唸著聖哲阿伽西亞的名字，心想不妙，新的東西都刁成這樣了，這葉子……

　　在我都來不及想出任何理由來回應時，瞬間我好像如同電影《星際戰警》（*Men In Black*）裡帶起墨鏡、手裡拿著「記憶消磁機」剛對著看到外星事件的居民而按下「即刻刪除」的警探 Agent J 那樣，只見對方抬起頭來看了我一眼，突然像是失憶了一樣，好像剛剛什麼事也沒發生過。接著就轉過身來，繼續詢問我銅像的事，之後讓我把其他過重的紀念品一一拿出，交給還在門口守候的 Guru，最後竟草草了事順利讓我通關！！我站在那裡楞傻了，不敢相信眼前所看到的一切……

　　就這樣，幾千年的納迪葉，從我前世的印度老家，跟隨著我飄洋過海，飛越了幾千公里，首次來到了我今世的家——台灣。我把它們放在聖壇上，天天擺滿了鮮花，點上油燈，看著一旁端起腿跳著舞的 Dangcing Shiva，與十八位聖哲們，口裡誦著好聽又好記的 Om Namashivaya，享受這時時刻刻與美麗的互動。

　　而從那刻起，在同一個屋簷下，納迪葉跟著我每一分、每一秒一呼一吸，不停的在我的脈搏血液中跳動著……

Guru 與弟弟 Ilansezhiyan 哥倆好

不要高估自己對「無紙化」的環保熱忱，在印度上完廁所後 DIY 的沖洗技術，勸大家還是在家先練習一下，不然在一番折騰後，保證搞的你全身溼答答，叫你分不清到底是汗是淚還是尿……

有感於每次上廁所都是一項浩大工程，為了徹底解決這個聖哲或 Guru 無法開示的非靈性問題，我決定走自己的路。想到何以印度婦女又批又掛的身穿 Sari，還可優雅自如的進出廁所，還能氣定神閒的船過水無痕，一定全是自己的問題。（覺醒的關鍵時刻！）

學生準備好了，老師自然會出現。於是終於忍不住請教了當地友人的妻子，在嚴重的語言障礙下，一句「you toilet show me」，加上比手劃腳的做勢拖褲子下蹲……把她嚇得趕緊叫女兒過來，以大學一年級的英文程度，來確保我問的問題是早在女兒五歲前就已教會她的人類基本文明法則。

一對一的師徒制教學還是比較適合我，保守的印度婦女，黝黑的臉「拍謝」到雙頰透紅。在我的堅持下，為了款待客人，親自下海當場示範，終於讓我完全解惑（印度女人對 Sari 的處理方式真是猴塞雷啊）！原來自己離專業只差一步，只是角度的問題，稍微調整一下就會進入順流。重點是，一定要隨手帶手帕，不要將 10 元買來的衛生紙遺棄他鄉，辨識度很高，因為印度廁所沒有垃圾桶，衛生紙肯定賣不好。

印度太太開示後，終於鬆了一口氣，相信以後所到之處必能通行無阻，所以充滿信心並面帶微笑的，再度踏進這曾經令我困惑的地方。就在我關上狹窄無掛鉤的門時，（騙肖，攔買掛鉤？）才想到自己隨行的兩公斤包包……X！到底叫我放哪裡啊？頓時後悔少問了朋友這個嚴重的問題，金害！此時叫天不應叫地不靈，甚至口唸咒語都沒有用……在污穢髒亂的廁所內，說什麼也不可能讓我把裝有 iPad 與行動電池的 CK 包放在地上，怎辦？

突然想起：「外面沒有別人，只有自己。」（廁所裡總能讓人頓悟！）

親愛的，不要低估自己原始的本能，放心，你一定可以被激發……

伸長脖子，乖乖的把包包整個掛在脖子上。切記一定要撐住，嚴防它一落千丈，同時讓雙手自由發揮，盡量節省時間快速完成程序，然後等到回到台灣後，趕快找你的整脊師再把頸骨喬回來。另外要記取教訓：下次到水源豐盛的國度時，一定要改帶側背式包包。

Part 2
認識納迪葉。
All About Nadi Leaf

揭開前世、今生與來世的神祕面紗
解讀與見證一個又一個靈魂的旅程……

一、納迪葉

納迪葉緣起
About Nadi Leaf

　　地球目前呈現的五大洲，在幾百萬年前曾是緊密相連的一大片土地。在某段時期當中，高靈七仙人（Sapta Rishi）[4]、阿伽西亞（Agathiya）等幾位大師們，預知地球即將面臨幾次大震動，整片陸地將會陸續崩離下沉，於是帶領著一群聖哲們透過神性力量，進行了一項浩大的工程，將所有宇宙知識與智慧留下，以便日後傳承給後人。內容涵蓋科學、文學、植物學、醫學、天文學、占星學、煉丹術以及許多靈性修煉法等等，同時也包括記載著每個人過去、現在與未來的「納迪葉」。這些葉子上的訊息，是聖哲們給予世人的啟示錄，因為他們知道，日後身邊的弟子們，將會一一出現在各個不同的時期，來把這些訊息傳達給對的人，好讓聖哲的智慧繼續傳承下去。

　　後來，這些聖哲所留下的葉子，陸續在不同時期在現今南印度泰米爾省郡被挖掘，其中以聖哲阿伽西亞最具代表性。原先納迪葉單純被視為一門占星學，之後幾位學者們從中發現，葉子上的訊息似乎來自更高次元的智慧，同時，這些偉大的著作也讓我們了解到現今人類科學的局限。

　　「Nadi」在泰米爾文字面上直譯為「河流」；梵文是「脈搏」的意思；生物學上的英文是「神經」；靈療領域裡則指：人體靈體內串流連接脈輪之間的72000個Nadis（生命能量流動管道）。而在納迪葉解讀系統裡，則是「尋找」的意思，也就是尋找生命訊息，意味求事者必須透過尋尋覓覓，方能找到自己個人的真理，許多解讀師因此直接稱「納迪葉」為「Nadi」。

　　有關人類的一切訊息，所謂的阿卡西記錄，早已寫好儲存在我稱之為「Cosmic Cloud Data Base Drive」的「宇宙雲端資料庫」裡，一切尚未被揭示，

---

4. Saptarishis（七仙人）：維基百科中提到，《梨俱吠陀頌歌》裡造一切者歌裡的「七仙人」，在印度天文學與占星學裡，除了聖哲Agathiya來自井宿星團裡的「南極老人星」外，其他來自斗宿星團（參考本書P.　〈印度27星宿表〉）。吠陀時代文獻裡提到的「投山仙人」就是聖哲Agathiya，有趣的是，在《百道梵書》裡提到，他們的伴侶則是來自昴宿星團。

就好像宇宙信息金字塔最上端的紀錄，越上層頻率就越精微，只有能量與此層頻率共振的人，方可讀取，例如賢人聖哲們。由於聖哲們可以看到每個靈魂的議程，洞悉每個人的過去、現在與未來，所以能為人類在平衡身、心、靈三方面提供最佳解決之道。

一個人是否能找到自己的葉子，在某種程度上是既定的，如果生命中沒有這樣的設定，恐怕一輩子連「納迪葉」一詞都不會有機會聽到。由於葉子上精準地預測出一個人將會在幾歲看到葉子，所以一個人的 Destiny（命運）是主宰是否與自己葉子相遇的主要關鍵。

由於印度經文傳承的方式，向來是以師父直接口述祕傳於弟子，而在解讀納迪葉篇章時，發現有些也都是以師父與門徒的對話方式敘述訊息，猜測這些訊息應該是由聖哲的弟子們刻寫記錄而成。

在古代的南亞，棕櫚葉一直是個常見的書寫工具。人們將葉子從棕櫚樹上取下後曬乾，切成適中大小，左右各鑽洞，以繩子串連，經熱水蒸煮過後晾乾；然後埋入濕土中軟化後再次曬乾，接著以海螺磨亮，再以一種叫 Ezhuthani 的工具刻寫；最後刷上深色蔬菜汁來呈現刻字凹痕對比，平日為防止蟲蛀，還得塗抹草藥或孔雀油來保存。當時古人以此記載文字，內容大從經文、文學，小至各地民俗、個人流水帳都有，因此現今各大國際博物館內所陳列的棕櫚葉手稿（Palm Leaf Manuscripts）種類包羅萬象，而且絕大部分不是所謂的「納迪葉」。

根據文獻記載，納迪葉是以古泰米爾文 Vatteluttu 書寫體刻寫[5]，在朱羅王朝（Chola Dynasty，約 BC 300 ～ AD 1279）時期被發掘，爾後是在坦賈武爾皇宮（Thanjavur Palace）的御書房內被發現的。當時整個南印稱為 Tamilakam（泰米爾地域），其語言為泰米爾語（Tamil），泰米爾語是諸多世界語系中，延續至今最久的古典語言之一。捷克印度史學家 Zvelebil 曾說，泰米爾語是現代印度諸多語言中，唯一最有歷史淵源的，有些學者甚至主張，人類語言約有 80% 源自泰米爾

---

5. Vattaethu（Vatta Ezhuthu）是古代南印諸國於西元二世紀後的泰米爾書寫體系，取代原來沿用的Tamil-Bramin（一種盛行於哲羅與龐地亞王朝的書寫體）。

語。

　　泰米爾地域有諸多邦國，其中最強大的有三國：朱羅王朝位於東部，哲羅王朝（Chera Dynasty）盤踞西部，另外還有南部的龐地亞王朝（Pandya Dynasty）。龐地亞是印度歷代統治最久的王朝，也是孕育「泰米爾桑坩文學」（Sangam Literary）的搖籃地（參見 P. 177），追朔起印度上古歷史，幾乎都與之有關，許多聖哲文獻與古文學史詩都曾提及過這個古老的王國。推測當龐地亞大部分國土相繼被海水淹沒，在向鄰國朱羅與哲羅北伐徵地的過程當中，一些重要文獻資產因此流傳至各國境內。

　　坦賈武爾市（Thanjavur）舊名為 Tangore，位於現今南印度泰米爾納度（Tamil Nadu）東部，已有幾千年歷史，曾是朱羅王朝與歷代諸朝首府，許多盛世所建造的神殿大都坐落於此，而幾位君王都是文化藝術愛好者，在保存文物典藏上一直不遺餘力。由於棕櫚葉易遭到蟲蛀而保存不易，王朝中期，國王 Raja Raja Chozhan 一世（統治期間為 985 ～ 1014），曾令學者們將已破損的葉子進行分類整修與複製。

　　王朝遷都至坦賈武爾市幾百年後，到了那亞克王國（Thanjavur Nayaks Kingdom，1532 ～ 1673）時期建蓋新皇宮（即現今坦賈武爾皇宮），設置御書房時，又再重新整理複製過。

　　後來馬拉塔帝國（Maratha Empire，1674 ～ 1818）興起，皇室入住皇宮時，在密室裡發現了這些神祕的葉子，由於國王瑟扶吉二世（Serfoji II）特別熱衷各種文學與藝術，不僅精通多國語言，還大量購置各國文學經典，積極擴展御書房典藏，推廣地方文學，並贊助學者重整修復葉子，因此納迪葉得以流傳至今。

　　目前保存於皇宮博物館內年代最久的葉子是西元 1550 年，近代德國學者 Thomas Ritter 曾透過「碳 14」年代測量法驗證解讀師們手上所用的納迪葉，約有 350 至 500 年之久。

　　蒙兀兒與英國人入侵後，馬拉塔帝國滅亡，許多納迪葉因此遭到損毀，當時幾位天文占星學者暗中藏匿部分納迪葉。英國人在入宮後又奪走宮中許多捆葉子文物，諷刺的是，他們將有關科學、草藥植物等的葉子拿回歐洲，卻售

賣大部分有關個人前世今生與來世類別的納迪葉，其中以來自濕婆神藥師神殿（Vaitheesvaran kovil）的 Valluvar（印度天文占星階級）購得最多。這些學者與 Valluvar 世家們，細心的保存這些無價的人類文化資產，並用心訓練出許多解讀師來，繼而代代相傳，納迪葉才得以在今日，不斷地被現代泰米爾語所詮釋，多年以來，已衍生成為一種世襲的行業。如今印度其他省份也有解讀師，但大多數還是集中在南部。

現今文獻上所說的納迪葉典藏圖書館中心即是薩拉斯瓦蒂圖書館（Sarasvati Mahal Library），坦賈武爾那亞克王國當朝時期，這裡原是國王的御書房。而後來的馬拉塔帝國國王瑟扶吉二世，在推廣人文與保存地方文學上功不可沒，所以到了 1918 年，皇宮歸泰米爾納度地方政府管理後，為了紀念這位對人類文化與藝術傳承有著傑出貢獻的仁君，才正式以他的名改名為「The Thanjavur Maharaja Serfoji's Saravati Mahal Library」（坦賈武爾瑟扶吉王御書房）。現今宮殿與御書房均對外開放，與附近的 Bridadeeswara Temple（朱羅王朝建築，俗稱 Big temple〔大王廟〕），同列南印聯合國世界文化遺產最重要的歷史古蹟之一。

Vaitheesvaran Kovil 是印度著名的千年濕婆神神殿，距離坦賈武爾皇宮約有 110 公里。據說濕婆神曾在當地一次戰役中救治過許多人，因此人們封祂為藥師神（Vaitheesvaran），另外此殿也是聖哲 Dhanvanthri（《吠陀經》上為諸神治病的藥師）三摩地入定之處（參見 P.168〈十八位聖哲總覽表〉）。

Vaitheesvaran Kovil 有很強的濕婆能量漩渦（Shiva Energy Vortex），傳說當年廟裡的 Siddhamirtham Tank 池水治癒了火星戰神 Angaraka 的痲瘋病，因此也是九大行星廟宇中的火星廟。這些典故使得此廟遠近馳名，許多人都相信，只要來到此廟觸摸池中水，即百病必除。現今廟口正門一條街全是納迪葉占星門市，並已行之有年，因此 Vaitheesvaran kovil 順理成章的被稱之為「印度納迪葉之鄉」。

Vaitheesvaran Kovil

坦貴武爾皇宮博物館棕櫚葉

坦貴武爾瑟扶吉王御書房

皇宮博物館典藏

納迪葉解讀程序
Nadi Leaf Reading Procedure

納迪葉解讀與其他占星不同，只憑藉指紋，即可預測一個人的一切。人的指紋分為 108 種分類，以此為根據，可找出幾捆各裝有 30 至 50 片屬於你的靈魂組別。解讀師藉由刻寫在你葉上靈魂的「聲音印記」來鎖定你獨一無二的葉片。

一位印度大師曾說過：「個人的因果在某種程度上，是跟隨著靈魂印記上的音波震動，而不斷累世循環的，這些頻率振動造就了所謂今世『你是誰』的實相。」每個靈魂如同一片黑膠唱片，收錄著靈魂議程裡一首又一首的 Karma，藉由解讀師「唱針讀取」音軌上不同的「歌曲」。若以此脈絡尋思，或許就不難理解，為何納迪葉解讀可不分語言、族群的找到個人的葉子。

在印度諮詢納迪葉，是件平常又簡單的事。雖然印度語系眾多，畢竟各省的語系與習俗同源，問事者只需提供指紋即可尋葉解讀；加上每個印度人幾乎都知道自己的印度曆生辰，所以在比對個資時，自然比外國人來的簡易省時。

外國求事者則費時許多，不僅個個來自全球各地，各國語言發音又大不相同，對印度曆法更是完全陌生，得以英文譯音拼寫下自己與家人的全名，才不會在解讀師以泰米爾語對照人名與印度曆出生年月日時，因譯音誤解或不諳曆法換算，而造成錯過葉子的遺憾。

有趣的是，不同於中國人看手相時男左女右的規則，印度納迪葉解讀卻恰恰相反：問事者在提供解讀師大拇指手印時，則需男右女左。解讀師必須以此為根據，接著再以 108 種分類進行比對蒐尋，在找出幾捆可能性後，解讀程序才能正式開始。

納迪葉解讀程序：

步驟一	提供大拇指指紋（男右女左）。
步驟二	解讀師進行指紋分類蒐尋，找出幾捆可能性。
步驟三	解讀師以此一片接一片，一一核對個資，求事者只需針對問題回答 Yes 或 No，不需給予任何其他答案（例如問你是否有三個兄弟，而你有兩個姊姊，只需說「No」，不需告訴解讀師你有姊妹等等）。個資對照過程中，解讀師只根據你回答的 Yes 或 No 來篩選葉子，一有「No」，便會剔除跳過再接下一片，直到在同一片葉子上，所有的答案全是「Yes」為止。

　　找到葉子後，解讀師開始傳達葉子上的訊息，包括父母親與配偶的名字，你的過去、現狀與未來，出生時辰星盤、人生藍圖，以及影響此生運程的正負因素等等，同時提供解決之道。若想更深入其他人生單一面向細節，可依個人所需（或葉子上的指示），繼續再探索其他葉篇。（請參考 P.146〈納迪葉篇章〉）

　　每一片納迪葉，大多記錄一個人以上的訊息。若遇有正反兩面葉片獨有你一個人的訊息時，那麼恭喜你了，聖哲會指示解讀師把整片葉子送給你。

　　找尋納迪葉是件很順其自然的事，或許找到葉子的人多多少少是因受到祝福，或者純粹只是時間對了。有位知名企業家已登門造訪多次，一年來久久苦求無葉，氣餒自己如此有錢卻買不到一片屬於自己的納迪葉。

　　另外，心態也很重要，務必誠實以對。解讀師根據個人指紋，找出幾捆可能的葉片後，會一一與你核對其他相關個資，以便找出你的葉子，若無法坦言，很可能因此錯過。有位太太因丈夫在旁，不敢承認自己婚前私下所造成的遺憾，所以當時一直找不到葉子，直到後來自己單獨來訪時才順利找到。

　　Ego 對納迪葉更是失靈。一位外國人原本來踢館，要以她傲人的高學歷與成就來「揭發」納迪葉的「真相」。當解讀師核對個資，道出她是否一直有「特別」的癮症時，頓時她慚愧到啞口無言，美麗的靈魂頓時脫殼而出，當下臣服於聖哲們深深的祝福中，人生也因此逆轉，再度與久違善良、快樂的自己相遇。

　　這次納迪葉來台，在協助解讀翻譯的過程中，發現許多有趣的現象：有些人已改過名，而在對照名字時，葉子上往往出現的會是目前所用的名字，但

有些案例則不然。我弟妹是中國人，出生於西班牙，只有親人才知道她的中文名，雖然從小到大，連身分證上用的都是她的西班牙名，而大家也叫慣了，但我卻一直覺得她的中文名其實跟她比較「搭」。結果在解讀弟弟的葉子時，配偶欄上出現的竟是連我們一家人（恐怕連她自己）叫也叫不太出的中文名，當場讓我驚嘆萬分！我想每個人在宇宙時空裡所「註冊」的名字，所謂的阿卡西記錄，應該跟個人的能量與自己名字的共振和諧度有關。

另外有一位朋友 E，自幼便與母親失聯，從小由父親帶大，母親是日本人，對於母親全名只知漢字，而不是日文發音為何。我在旁翻譯，直覺判斷葉子一定會直接以原文記錄，不會以漢語直譯日文名，但朋友礙於尷尬，不敢直接問父親，一度因無法確認母親欄，解讀過程差點就進行不了；後來當場打了幾通電話尋求諳日語的朋友後，才得到正確答案。

電話上我以漢字訊問朋友日語發音時，特別注意不跟著對方發出聲來，好讓 Guru 不會受到我任何影響，竊竊的在 E 面前以英文拼寫下日語發音的名字。接著，當 Guru 再次對照 E 的母親全名時，竟以日語斷斷續續的唸出她母親相對冗長的全名來！當場見她目瞪口呆，像是在電影驚嚇場景裡凍結的特寫鏡頭，久久哽咽到說不出一句話來……

我又是何德何能，能夠參與朋友與葉子相遇的關鍵時刻，更見證到，朋友自出生以來與母親再度重新連接的歷史事件。她說這輩子從沒有機會叫過媽媽，而就在高雄，一個風和日麗的四月天，生平第一次，終於從她的口中，以 Okasan の母語說出了媽媽的名字。

納迪葉篇章
List of Cantos (Chapters)

納迪葉（Nadi Leaf），「Nadi」是找尋的意思，納迪葉記錄了你的靈魂議程。幾千年前（也可以理解為現在與未來）有幾位聖哲們，根據女人的血液從左手留至大拇指（男人的血液從右手），在當下給予每一個人的指紋，以 108 種分類，找出幾捆可能有記載你個人訊息的葉子，就這樣掀開了你的前世、今生與來世。

找到葉子後，解讀師會詳述你一生的藍圖。另外其他約有二十個章節，每一個篇章刻畫著你人生每一個面向：財富與教育、健康養生、兄弟姊妹、父母親、子女還有靈性層級篇等等，不過還是得看個人機緣，不是每個篇幅都可得到。

有些人好奇嘗鮮，只是想來探究個一、二，那麼解讀第一篇簡易版的「藍圖概略篇」或許即可滿足。我則是每一篇都有興趣看個清楚透徹，所以當時建議我看涵括第一、第十三與第十四篇細節板的「Sukshama Canto」，也就是鉅細靡遺的，從看到葉子當年開始，細述你每一年的運程興衰，出生時辰星象運行所帶給你的影響，你的主星為何，你的出生年（印度曆法六十年為一週期，有九個行星：太陽、月亮、金星、水星、木星、土星以及羅睺星 Rahu 與計都星 Ketu），十二個星座與二十七個星宿）。

有趣的是，葉子還會精準的告訴你是在星期幾出生的，並詳述某一個影響你今生的前世故事，以及這輩子最後一天會在哪一年、哪一月、哪一天，靈魂又是如何離開身體的（例如從眼睛或頭頂）等等；若有來世，也會清楚地告訴你將會在哪裡出生等等。聖哲將毫不保留的向你揭示一切有關於你的真相，細節之處無不令人乍舌！

第一篇／1st canto：藍圖概略篇	縱覽一生運程藍圖：父母親與配偶、伴侶的名字，有幾個兄弟姊妹、小孩，生活現況，目前從事行業，生日星盤（包括星期幾）。
第二篇／2nd Canto：財富教育篇	可擁有的財富，教育程度，家庭生活，口才影響力及視力。
第三篇／3rd Canto：手足篇	兄弟姊妹所帶給你的祝福或阻礙。
第四篇／4th Canto：母親篇	母親的人格特質與一生，以及對你的影響，你此生可得的房產與地產、交通工具、水利與可耕地（農業）。
第五篇／5th Canto：子息篇	子女們的人格特質與一生，以及他們對你的影響，兒女的教育程度等等，或者為何你此生不孕或無子息。
第六篇／6th Canto：疾病債務篇	敵人／對手帶給你的挑戰，債務與疾病。
第七篇／7th Canto：婚姻篇	婚姻運程，夫妻關係。
第八篇／8th Canto：壽期篇	壽命期、意外事件與官司訴訟。
第九篇／9th Canto：父親篇	父親的人格特質與一生，以及對你的影響，你可繼承的祖產、財源，信仰聖地與靈性指引上師。
第十篇／10th Canto：事業篇	工作與事業，適合的行業為何。
第十一篇／11th Canto：人緣財運篇	愛情運，偏財運，社會地位。
第十二篇／12th Canto：消費財運篇	消費形態，外地（財）運，來世的出生地與運勢。
第十三篇／13th Canto：因果篇	主宰今世之前世因果與解決之道。
第十四篇／14th Canto：圖騰篇	個人所屬圖騰（yantra）、吉祥物（talisman）、手印（mudra）及咒語（mantra）。
第十五篇／15th Canto：健康篇	健康狀況與保健養生之道。
第十六篇／16th Canto：星象篇	星象運行週期對個人運勢盛衰期的影響。
第十七篇／17th Canto：當務之急篇	當下棘手關卡及其解決之道。
第十八篇／18th Canto：靈性篇	靈性進展層級。
第十九篇／19th Canto：特別篇	除了 Agathiyar 所刻寫的葉篇，有時也有其他聖哲的觀點。
第二十篇／20th Canto：政治篇	官運。

即時動訊納迪葉
Jeeva Nadi

「Jeeva Nadi」，我稱之為「即時動訊納迪葉」，是一種「活生生」的 SNG 現場納迪葉即時通，至今我一直沒有機會體驗它的神奇。

「Jeeva Nadi」直譯是「現場 live」的意思。原本「Jeeva Nadi」是以整片空白無字葉為主，神性力量會在求事者提問當下，如同神蹟「現場連線」般，有時會出現「流動訊息」（Motion Message）即刻給予指引，是個神奇又罕見的方法。

現今大家熟悉的是納迪葉求事者必須主動給予指紋來核定自己的葉子，也就是在給予指紋後，藉由核對個資的方式找到自己的葉子；有緣分的話，幾分鐘內就可找到，有的在耗時數小時之後，還是空手而歸。Jeeva Nadi 表面上看來有點類似，但方法與內容卻大相逕庭：求事者在解讀前，得先持咒數日，以便連結聖哲；在解讀當天，答案會片刻出現在一片空白無字葉子上，瞬間即刻消失無蹤。

現今 Jeeva Nadi 已延伸為各種不同的方式，其中一種是：在求事者持咒數日後，解讀當天，求事者以擲貝殼來決定；或是從數字 1 至 108 給出一個心中所出現的號碼，解讀師再以此數字，抽出排列順序與之相同的葉子，葉子上的訊息內容就是聖哲所欲給予的答案。

皇家典藏經文葉
Sri Lankan Palm Leaf Manuscript

　　好友許伯夷是我認識的朋友裡，唯一完全生活在另一次元的最大怪咖。三十幾年前從軍醫退伍，開設診所行醫後，轉行到建築業，卻又在事業巔峰之際急流勇退，開始遊戲人間。走過世界百餘國，期間收集當時別人眼中的破銅爛鐵，意外的在今日成為奇珍異寶，為他帶來巨大的財富。卻又在「入世」不久後，毅然全身而退，拋下紅塵，剃光了頭，一個人隻身前往印度、斯里蘭卡行乞出家，托缽行醫一年。

　　浩浩蕩蕩的體驗過一般人需好幾輩子才能體驗的精采旅程後，幾年前再度重新「入世」，完全無脫離三次元的實相，自由自在地盡情享受每一個當下，宛如一個愛玩的小男孩，整天「不務正業」，每分每秒地玩創作！從油畫、服飾、音樂、書法、飆車等等，琴棋書畫樣樣無師自通，而且樣樣天才，樣樣精通。最令我佩服的是，近幾年來，地球每一場重大災難時刻，不管是南半球、北半球，他總是有辦法在第一時間、第一現場，即時「獻身」救災，並慷慨解囊捐款巨額，真是個有趣又古椎的老靈魂。

　　去年從印度回國後，在與他見面分享南印納迪葉之旅時，他又立刻「變身」為魔術師，赫然從自家私藏博物館裡，拿出一捆當年斯里蘭卡國師所贈予他的經文葉，讓我當場興奮尖叫驚喜不已！這種經文葉，在印度民間納迪葉中心根本看不到。有別於個人的納迪葉，這是皇家典藏珍品，我在造訪納迪之鄉Vaitheeswaran Kovil 的皇家圖書館（Sarasvati Mahal Library）裡看過，因館內不准拍照，當時考慮，出書時再採用購買的書裡的照片來刊登，真是萬萬沒想到，居然可以在好朋友的家裡，如此零距離接觸！！

　　一趟馬來西亞的靈魂震撼之旅，意外的把我到帶到印度納迪葉之鄉，又在聖哲阿伽西亞的祝福葉片指示下，把他贈予我與家人的三捆納迪葉帶回台灣。而今天，就在我所居住的城市，就在自己好友家中，可以隨時一邊喝咖啡、一

邊觸摸欣賞經文納迪葉……這一連串的巧合，太令我驚喜了！

　　這篇文章是我前年在 FB 上發表的生活日誌，今日逢出書之際，重新編寫時，隨著 Guru 首度登台的納迪葉已在家中生根成為一部分，天天與我生活在一起。我不知道這是否就是所謂的人生使命，但我已深知這一連串與聖哲、納迪葉美麗的巧合，是我一輩子的祝福，也是我靈魂印記裡永生的榮耀。

斯里蘭卡棕櫚葉

葉子上美麗的故事
Yesterday Once More

　　這次納迪葉來台，有幸協助 Guru Natrajh 翻譯，見證了許多人與葉子相遇的感動時刻——每一片葉子，每一段過去，每一則說不完的故事。如此珍貴的體驗，不僅讓我有服務的機會，更讓我對生命的輪迴，所謂的 Cause（因）和 Effect（果）有了更深一層的體悟。以下幾個案例，經當事人的同意而化名，在此選擇幾片葉子上美麗的故事，與大家分享：

▲ 未來中東愛好和平統治者

　　D 先生是個四平八穩的好好先生，來解個案時，等了些時候，見到面時還是溫文有禮，滿臉笑容，沉穩的能量也順利的讓他與自己的葉子相遇。

　　我對於他的前世沒有太多印象，倒是對他的下一世出生印象深刻。葉子上告知他將會有兩次來世，下一世會出生在回教國家，是個優秀的統治者，對人類文明有很大的貢獻。這讓我感到很新奇，因為 D 先生的長相還有點像中東人。

　　當問及今世希望受到何種祝福時，一般人（包括我自己）不外乎在自己與家人的健康、財富上猛下單，卻只有他例外。在沉思片刻後，他竟語重心長的的說出了「世界和平」這四個字。「World Peace」一直是我高中在美國求學時，課堂上最受老師歡迎的 A+ 作文題目，而當 D 先生從心裡誠懇的說出來時，剎時看到它雛形的顯化。我知道這不只是他這輩子許下的誓言，而是他將用兩輩子的時間與永生的愛來實現的承諾。

▲ 正牌國王 Made in France

　　見到 S 美女時，對她美麗的五官印象深刻。好端端的外表，絲毫透露不出任何一點異狀。

解讀進行時，說到她的前世是位歐洲的君王時，我還有點驚訝。她在前世宮廷生活裡，從小就是個小霸王，對動物極度殘忍，常常以彈弓殺戮數以萬計的麻雀，並引以為樂。長大後更是常強暴婦女，幾乎隨時隨地，只要興致一來，便以君威霸王硬上弓，荒誕行徑，令人髮指。幾位正義感強的下人，冒著被砍頭的危險，在旁阻止奉勸，竟個個被他掐脖子、塞布堵嘴，還拳打腳踢的體罰他們。

後來王權遭到推翻後，他逃離皇宮，隱姓埋名的躲到森林裡，一個人過著獨居的生活。當晚年回首人生時，開始感慨自己荒唐的年輕歲月，老年時將身邊所剩積蓄佈施、救濟附近貧苦的居民，而上輩子就在這樣的情緒狀態中逝去。

葉子上不僅提到了她這段前世，還告訴她，今世因此會有很多負面的「無形干擾」，且身體狀況很多，幾乎從頭到腳，尤其是喉嚨第五脈輪，常會感到快要窒息似的。我在旁翻譯時，不時看著一語不發的 S 美女，安靜地坐著專注聆聽，讓我實在無法把她跟葉子上的故事聯想在一起。聽到與她如此不搭的前世時，一度以為葉子是否找錯人了。

事後，只見 S 美女不但沒有一絲反駁，還不斷點著頭說，自己從小就有異常的「靈異體質」，嚴重到連百貨公司都去不了，因為「干擾」太多。先生非常愛她，卻不想與先生過正常夫妻生活，說著說著，不時左右轉頭，邊說邊清喉嚨的乾咳著，呼吸很不順暢。她開始道出自己與葉子上百分之百吻合的症狀；接著又說，其實解讀之前半小時，才找 Dasha 深談過自己的狀況，因此邀 Dasha 也在旁一起見證她的解讀。

兩個人說起解讀前交談過的內容如何與葉子上的訊息一一印證時，不停讚嘆葉子的神準，更確定那就是自己獨一無二的葉子；最重要的是，讓她終於明白，為何容易受到無形靈體的干擾，為何無法在婚姻裡享受床地之趣；最重要的是，聖哲提供她對症下藥的解決之道，讓她因此不再不知所措，到處亂投醫，繼而對改善自己的健康品質有了全然的信心。

▲ O-ishi 日本名媛美食家

　　這次天合中心的納迪葉專案助理 Elsa，在解讀前夕，大夥兒一起吃晚餐時，她說起自己一直對刀子有很大的恐懼。一向熱愛美食的她熱衷烹飪，卻很不喜歡用刀，她說自己對刀子有無明的恐懼，烹煮、品嚐都非常喜歡，就是怕用刀處理食物。

　　隔天解讀時，聖哲告知，她的前世在日本，是位富貴人家的大小姐，成天有許多傭人侍候著衣食起居。大小姐喜愛美食，對食物非常挑剔，一有不合自己口味的菜餚，就大發脾氣，譴責、處罰下人，有些人重病或手部受傷需要療養，也不讓休息，硬要他們繼續在廚房日夜為她烹調三餐。傭人們在準備料理當中，帶著刀傷的痛苦與恐懼，過程中對她抱怨連連；而今世每每在她用刀準備食物時，也感同身受的體驗到他們當時的負面情緒。

　　聖哲甚至說，她與先生的生日同是星期六，兩人感情不錯。Elsa 聽的震驚到捂著嘴，張大雙眼，激動的說不出話來！一輩子不解的謎，就在此刻恍然大悟。而昨天才提到自己對刀子「不知哪來的無明恐懼」，隔天答案竟立刻出現在自己的葉子上，讓在場的 Dasha 跟我直呼不可思議！Elsa 說，解開那個「謎」，讓她從「無明的恐懼」，轉化為一個因知道「為什麼」而成為欣然接受並不再抗拒的日常體驗，這種明晰使得她對自己生命裡發生的一切，有了一份平靜與豁達。於是，她流下了感動的眼淚，對每一個當下說：「活著，真好！」

▲ 前世氣功大師打通此生困境的任督二脈

　　我的朋友 H 來解讀時，終於明白自己曾經有過不只一次的夢境所為何來，也終於讓我知道他與生俱來的「特異功能」來自何方。他自述曾多次夢見，在日軍侵華時期，自己是一位教授氣功的師父，後來家中女眷被日軍強行擄走，自己在胸腔被刺刀刺中後，仍奮力嘶吼辱罵日軍，而慘遭步槍掃射而亡。他此生出生時，胸膛異常凹陷，並且有一個不明原因的傷疤。這個夢境伴隨他成長的記憶深埋心底，很少對人說起，直到納迪葉描述出他的前世，才真相大白。

　　葉子記錄 H 的前一世，出生在中國河南少林寺達摩居所附近，在日軍侵華

之前已是一位氣功師父，早年曾跟隨過幾位大師，後來自成一派而聲名大噪；不過卻因此放縱自己的情慾，與許多女弟子有了親密關係，最後為了救助被日軍擄走的眾女子，而被日軍亂槍打死。

這葉子的紀錄也說明了，為何 H 這輩子沒有練過什麼氣功，卻可以透過手掌將身體的能量灌注到另一人身上，並且發生神奇的作用。他身體的能量炙熱無比，卻不傷人，當他把手心放在你身上任何不適之處，只須幾秒鐘，熱能便能集中該處，在熱度消散後，你身上的不適立刻緩解，讓人氣血通暢身心輕盈。

我嘗試過許多氣功療法，大多要我「憑心裡的感覺」來感受傳導到身體的能量，從未體驗過當場可以讓我的身心能馬上感覺到的氣功，我一直為此嘖嘖稱奇。據 H 說，他的手還能驅走依附「卡在」他人身上的「負能量」。

H 這輩子在生命的前半段，生活得異常艱辛，多次面臨死絕之境。而就在生命最關鍵的那一刻，情況突然戲劇化的急速轉彎，性格也像是換了個人似的發生一百八十度的轉變；後來不僅重新找到他的人生方向，也幫助許多人解決困難創造奇蹟。

和上輩子一樣，此生在他的領域裡，他依舊獨樹一格的發光發熱著。葉子上說，如果沒有這個轉變，他會繼續在輪迴裡載浮載沉；但要做出這個改變，會讓他經歷異常痛苦的人生過程。不過 H 很勇敢的選擇了艱難卻一勞永逸的新道路。

葉子上表示，過了此生他就斷了輪迴，真正的告別娑婆。可見所謂的「命」和「運」並不是同一件事，「命」或許是此生開始之前預寫的劇本，「運」卻是在人生大戲開鑼後可依憑自由意志而扭轉原劇本的選擇。當然，前提是得有吃苦受罪的決心和堅忍不拔的意志力。

身為他的好友，我見證了他改變命運的勇氣和力量。聽完他的葉子內容和自述的夢境後，更讓我感動佩服至極！如今他已確切的回首了前世並且明瞭因果，他以全然的信任與接納，用堅定的腳步，積極的走在此生天命的道路上……

▲ 小姑娘「胖不了」的負擔

　　有位個案年紀輕輕，本以為只是來嚐鮮的，報名解讀時卻相當積極，還要求加看「健康篇」。見到面時，看到她瘦小的身軀，以為可能是為感情而來的。因預約很滿，不好保證有時間讓她追加續篇，Guru 則說等找到葉子再看看，結果不一會兒就找到了她的葉子。

　　在她的前世故事裡，她在一個慈善機構裡做行政，在處理款項過程中，將許多好心人士所捐的錢納為己有，自己因此過了一輩子不愁吃不愁穿的好日子。當捐款人發現時，大家齊聲撻伐，惡言詛咒她。

　　葉子上說，她不管吃什麼都消化不了，身上毒素也因無法排出體外，而會反應在她的皮膚上。剛開始解讀時，因她身穿長袖，看不出她身上的皮膚狀態；沒想到她在聽完解讀後，捲起袖子，掀起褲管，只見她滿手滿腳皮膚結痂非常嚴重，令人跌破眼鏡，皮膚狀況與她實際年齡完全不符。而在她的葉子上，與其他人不同的是，聖哲直接把她該吃的食療與其他日常生活得配合的事項，全部在「藍圖概略篇」裡交代的清清楚楚，似乎已預知她最急迫解決的問題就是健康，不需等到她追加續篇，主動的把真相揭示給她。這番「神諭」再度讓我佩服無比。

▲ 青春的肉體 Vs 老靈魂

　　N 妹妹是解讀個案裡年紀最輕的，我對她印象深刻，言行舉止之間，處處透露出「超齡」的靈魂。佩服她年紀輕輕居然可以聽到神的聲音，想想自己十八歲時卻只能聽到男朋友的聲音……

　　由於這個案年紀實在很輕，不禁令我相當好奇：小朋友怎會對追求靈性如此熱衷？原來她母親當時懷著龍鳳胎，而父親家裡重男輕女，在母親去世後，就把她送到外婆家，所以從小就有被遺棄的感覺。

　　她在前世裡出生在富裕家庭，後來又嫁入富有人家，但她婚後性情大變，與先生過著男卑女尊的家庭生活。在小孩出生後沒多久，她便離開家庭，獨自在外經商，一天到晚想辦法賺取更多的財富，因此後來變得很有錢，卻對丈夫

跟孩子不聞不問，絲毫沒有照顧到他們。而她這輩子的靈魂課題，就是來體驗前世她的孩子在幼齡時失去母親的感受。

N妹妹聽完自己的故事後，以中年人才有的口吻，平靜的對我說：不再認為自己是個受害者，因為每一個體驗都是中性的，而經由今世的平衡，使她更深刻了解愛的意義……

▲世代身處上流社會的M美女

M美女從前世就是個美人兒，上輩子出生在中國，家裡經商，因自幼聰慧，在耳濡目染的環境下，很年輕就有了自己的商號。因天性愛美，研究了許多養顏養生處方，還與皇家做起生意，因此出入上流社會，結交到許多貴族，賺了很多錢。

憑著自己的美貌與智慧，陸續從三位「金主」身上，撈了很多錢，使得對方人財兩失。因此這輩子，她在財務上得非常的努力才能得到回饋；感情路上更是坎坷，歷經三段刻骨銘心的感情，前男友以她名義貸款，不告而別，導致她背負幾百萬的債務等等。

M美女在靈魂旅程上已經歷了許多世輪迴，這也是她最後一世。在知道了主宰今世的前世真相後，全然接受自己所「遭遇」的一切，並感謝這些人給她機會，來平衡她對他們所造成的影響。知道自己會在X歲離開最後一世時，使她積極面向人生，盡情的發揮她的天賦，喜悅又開懷的迎向每一天。

▲上海名門女大師

Y同學找葉子時非常順利，在第四片就找到了。她的前世出生在上海，因出生後家業開始興旺，於是父母對她疼愛有加。

她從小就對靈性教導很有興趣，並一路跟隨大師學習。後來師父去世後，繼承了他的衣缽，卻因名氣越來越大，心生妄念，開始亂給建議，亂賣處方，造成許多人更多的痛苦。

因為前世根基很好，使得她這輩子前半世很順遂；後來卻開始在健康與家

庭生活上經歷許多問題，認真的做事卻得不到認同，事情越來越不順利。看到葉子後，恍然大悟，原來自己的前世已是 Guru，難怪今世對靈性上的領悟力很強。知道了這段前世歷史，使她更能處於當下，也更願意在她下一個 40 年，用無盡的愛，在最後一世的旅程中擁抱每一個當下。

▲老子門徒哈里路亞的召喚

　　B 先生是個基督徒，早在兩年前看過一本書，那本書的作者提及，自己因與納迪葉相遇而找到人生伴侶的過程。就在幾個月前，他突然心血來潮，上網查看有關納迪葉的訊息時，得知 Guru Natrajh 已來台的消息，在參加了台北分享會後，即刻報名預約。解讀當天，一切非常順利，核對索引時，Guru 還以台語發音說出了他與父母親的名字，使他當場忍不住哭了出來。

　　當葉子上說到他前世跟隨一位大師弘揚老子思想時，更是激動的從椅子上跳了起來。他說自己雖然是基督徒，這輩子不知為何，非常推崇老子《道德經》，居然葉子直接就說出了這段緣由，他驚呼聖哲怎麼可能會知道？！簡直不可思議……

　　在上輩子他風流多金，喜新厭舊，傷了許多女人的心；這輩子他在感情路上多是暗戀對方，無法真正進入戀愛關係，對此非常困擾。聖哲建議他如何化解過去的遺憾，並告知他，上輩子的善舉，在明年會啟動，並為他帶來姻緣，要他好好把握時機。當他看到自己在過去是如何造成今世的阻礙時，選擇原諒過去的自己，感恩這份來自千年的禮物與祝福，並深深地臣服在神完美的安排中。

▲前世夫妻今世夫欺

　　W 是靈性老師，來看葉子時，透露自己在婚姻中很不快樂，希望能順便看她的婚姻篇，一解困惑。她上輩子是個男人，出生在西藏，婚後不但不顧家，還一天到晚在外花天酒地。老婆為了維持婚姻關係，經常誦經念佛，希望藉此來改變他的習性；但他卻惱羞成怒，遏止她做任何祭拜，並常常羞辱、毆打她。

而他上輩子的老婆跟隨著他也來到了今世，在這輩子互換角色成為她的先生，夫妻感情非常不好，先生平日對 W 的任何心靈相關活動都極力反對。葉子上說，因她前世 Karma 大，這輩子很難化解，問題會持續不斷，不過憑著誠心祈禱，會改善狀況，減緩衝擊。而在她看完葉子後，回到家不久，先生把她的神聖空間破壞，並丟棄重要用品，她因知道了倆人前世的關係，便坦然面對先生所帶給她的挑戰，不再問 why，坦然地接受了自己的 Karma，並在每一天的祈禱文裡，送上對他無限的祝福。

▲外太空遊蕩的巴西魂

Z 同學從小移民巴西，來台探親時剛好有機會來找葉子。她說這輩子一直覺得不屬於地球，很想「回家」，還說自己好像來自外星一樣，與地球格格不入。

找到葉子後，聖哲告訴她，她的靈魂在上輩子離開前世後，就一直沒有進入任何肉身，直到這輩子才投胎到台灣。原來她對地球的疏離感，是因她的靈魂有一段很長的時間已習慣沒有肉身，所以，來到地球，一切感到要重新學習。

有趣的是，她上輩子出生地就是巴西，許多前世的記憶都停留在巴西。由於前世後半生過著閒雲野鶴的生活，對巴西念念不忘，很有連結，以致這輩子雖然出生台灣，卻生根巴西，在那裡生活讓她感到如魚得水；而前世獨處的快樂，使她這輩子常常喜歡自己一個人，因此沒有進入婚姻生活。在知道了自己為何不適應地球的原因後，讓她整個人煥然一新，決定最後一世要好好在地球上安居樂業。

▲美女與野獸

R 美女在報名前就已透露，自己目前從事心靈工作。一進到解讀室，我們馬上被她一股不凡的氣質深深吸引，淺淺的微笑散發出沉穩淡定的氣質。一坐下來開始比對個資時，不到一會兒的時間就找到她的葉子。

首先葉子上分析了她的指紋，說她有月亮的特質，有這樣指紋的人酗美。

在白天，人們是看不見月亮的光輝的，只有在夜晚才得以被人看見明亮，意味她會是個照亮黑暗的人。而當 Guru 說出她今世父母親的名字時，她很淡定的笑了一下。在見證了這麼多個案的葉子後，對葉子上可以精準的說出父母親名字這種不尋常的神奇，已不足為奇，逐漸習慣了。

接下來只見 Guru 看著葉子，然後抬起頭，眼睛一亮的說：「妳今世是 Ravi 的弟子。」我震了一下，這可是頭一次聽到葉子直接了當的說出對方今世 Guru 的大名。只見美女還是維持淡定，淺淺一抹微笑，點著頭說，她正是 Guru Ravi 的弟子，並已到過他在印度的道場多次。聽得我可沒法這麼維持鎮定啊……

多麼斬釘截鐵的一句肯定語！我才納悶為何她如此處變不驚？而聖哲連今世上師都有辦法說出來？事後她才告訴我，因為當時完全沒有預期葉子居然可以如此精準，乍聽之下實在無法相信，而第一次體驗這種跨次元的實相，一時真的反應不過來，整個腦子一片空白……我雖擔任她的翻譯，因為個案太多，直到幾個月後，為了收集個案分享內容，才由她款款道來。而關於葉子上的概略，有些現況細節的印證，更在重述時才由她把整個前世今生完整的串聯起來，也因此道出許多人生感悟。以下是 R 美女的故事：

有一世 R 美女出生在西藏將領之家，是個男兒身，家族世代以武相傳為業，從小幾乎是刀劍弓矛養大的，因而造就了他一身威武彪悍的陽剛之氣，粗暴、魯莽，一舉一動處處無不見干戈，使得身邊人人懼怕，敬鬼神而遠之。他唯一會做的就是打仗、喝酒，一輩子單身不娶，只愛美女，一個接著一個，辜負了很多愛他甚至為他墮胎的女人。

在一次機緣裡認識了一位 Guru，嘗試著開導、感化他，卻反被他惡言嘲諷，百般挑釁，最後還把這位大師攆走。不久他的身體開始出狀況，但因平日無結善緣，病重時沒有一個人願意在旁照顧，因此開始反省起自己荒誕的一生。想到師父昔日諄諄教誨，下定決心遠離家園，抱病一路找尋師父蹤跡；再度相遇後，在後半生跟隨師父，並將一生累積的財物傾囊佈施，做盡善事，救助許多無助的人。

這輩子她出生在一個不錯的家庭，生活無慮，婚姻也算幸福，惟獨家裡除了她以外，不管父母親之間或是父母與兄弟之間，關係極度惡劣，肢體暴力衝突不斷，還常常鬧上警察局。她天天處在這樣廝殺的氣氛裡，是家裡的和事佬，這樣的環境讓她從小就很害怕，沒有安全感。她是個非常不易動怒的人，可是身邊包括家人、朋友甚至先生，都是火爆型人物，她就像他們的一盞明燈，常常要扮演調停的角色。

葉子上說，她這輩子會體驗上輩子身處她周遭的人那樣的心情。因上輩子那些被遺棄的女人以及那些被墮掉的小孩心存怨恨，這輩子從她小學起，就很明顯感應到，常常一出現在一個團體，人家很容易第一眼就討厭她。葉子上更說，她上輩子的憤怒是很外顯的，而這輩子卻是個把憤怒內化的人，非常溫和，不容易生氣。

當葉子上說，她這輩子的人生目的，第一是服務，第二是美，這讓她直呼神奇。想起以前從事服裝造型行業，後來又踏上心靈療癒之路，但心裡卻不想放棄與美相關的工作；而來看葉子之前，才正釐清，自己其實是喜歡同時做靈性服務與美相關的事情，兩者缺一不可。而葉子上所說的靈魂議程，竟與她告訴朋友的話一模一樣！

她說第一次在電視上看到 Guru Ravi 時，眼淚就掉出來，馬上跟他有連結，所以當她聽到 Guru 說出她是 Ravi 的門徒時，其實內心震撼到不行，但習慣不輕易將情緒表露的她，只是眼淚直往心裡流……她說原本以找尋生命答案的心態來看葉子，卻體悟到，在解讀葉子的過程本身就就是答案，體驗本身即是答案，有種很深卻不需對外交代的篤定感。

她是月亮，而在太陽的光芒裡不易被見到，卻很容易吸引太陽，也不能沒有太陽，因為太陽在沒有光明時，月亮會出現在夜裡點燃黑暗。她感慨的說，如果沒有這樣的家庭背景，也醞釀不出她踏上靈性療癒之路。看到葉子後，終於明白為何自己害怕爭吵、避免爭吵了。

體驗夠了厭倦憤怒的外顯為何，所以下輩子就會選擇體驗另一個對立，這讓她看到因果中互換角色的循環。葉子上的訊息可說正出現在恰好的時機點，

在關鍵時刻推你一把。

▲從軍人到心靈老師

　　G 是個心靈老師，從事心靈工作很多年了，研究佛學 10 年，服務地區還遠至大陸、東南亞各地。在邀請他作為書裡個案範例的訪談中非常坦蕩，生性體貼的他說不用化名，他非常樂意分享。以下是 G 的故事：

　　他的前世出生在印度，出身軍事家庭，是位保家衛國的軍人；在戰場上殺人無數，可是卻非常抗拒軍人的身分，一直想離開那個崗位。直到後來大病一場，頓時領悟到殺人所造成的業力，與自己身體日漸惡化息息相關，於是開始幫助別人。

　　後來遇上了一位 Guru，跟隨他學習靈性修行，並在死前許下宏願，希望下一輩子有機會能夠平衡掉這輩子所做的遺憾，把沒有做到的事繼續做完。但在印度那一世後，幾次投胎，都沒有遇上任何可以啟動那個前世因果的環境，直到這一世出生在台灣。

　　G 這輩子一直跟母親與她娘家親戚們比較走的近，巧合的是母方家庭幾乎都是公職，幾位表兄弟也都是軍人。母親從他國中時就一直希望他唸軍校，後來在很不願意的情況下終於報考軍校。軍校不好考，而他沒唸書，卻成為在兩百個報考人中雀屏中選的八人之一，順利考進軍校，當時他還很疑惑的問，是否弄錯了？在唸了軍校後，生活一點都不快樂，與同學間的互動很有距離，在部隊裡還遭人陷害，上級犯罪卻波及到他，讓他差點被判軍法，所以畢業後馬上就選擇退伍。

　　後來自己做生意，又陸續遭到好友、女友背叛，之後經歷了母親去世、離婚、負債、憂鬱症等等，幾乎是種種人生災難全都發生在他身上。在身心極度痛苦下，嘗遍坊間各式改變命理的方式，算命、通靈，包括喝符水等等，到最後自覺再也走不下去了，才開始接觸到前世清理相關的靈性課程，因此進入佛學與新時代領域研究多年，繼而走上靈性教學服務的工作。

他覺得納迪葉如同一面鏡子，葉子上有關他今生、未來跟死亡，寫的跟他自己內觀時所看到的一樣。前世施於他人的種種痛苦，到了今世，除了呈現於內在與自己極大的衝突上，因環境與機緣成熟，也造就了啟動前世模式的情境，一樣先為朝廷賣命（為政府工作），後再踏上靈性追尋旅程。

葉子上提到，他要體驗三個人生階段：1.以知識教育、2.以金錢、3.以勇氣過生活。葉子上更說，他將連結到前世靈性修行記憶，並將以此繼續幫助他人，以了前世心願。

很多人問：他清楚知曉，凡事需要內關與自我覺察，且還以此宗旨傳遞給求助者，為何還要看納迪葉呢？

他客觀的回答：他本身沒有宗教派別，靈性道路上沒有限制，各種安排自然有它的道理；找納迪葉其實不是外求，而是透過納迪葉呈現內在，如同照鏡子。

▲靈魂議程，因果對照

解讀個案過程中，有許多有趣的巧合與現象。發現台灣有很多的個案前世背景雷同，許多上輩子都是在中國出生的，其次是西藏與印度，有很多是被家裡寵壞的獨生女、獨生子（我自己就是其中一個）。其實能出生在富貴家庭，某種程度上，算是一個來自上一世的祝福；而不管後來個人經歷過程如何，畢竟這個祝福的「餘輝」還是照耀到今世，讓自己找上了葉子，有了改變的機會，「炫」的其實是祝福，不全然是表面上的富。

這次納迪葉首航來台，或許因經由靈性中心主辦，容易吸引老靈魂們的聚集，95％以上來解讀的個案，已與自己的納迪葉相遇；當中幾乎有 2/3 都是最後一世的老靈魂，靈魂時間點成熟，相對的找到葉子的機遇也大。

據我觀察，每個人找葉子所花的時間長短與身分地位沒有一點關係。在每一個靈魂議程上，靈魂的本質沒有優劣，只有資歷深淺，最後一世的狀態與世俗上所認定的，更是大相徑庭。雖然大多數是靈性圈的朋友，卻也有很「物質」的，有嚴肅的也有笑容可掬的，有身體狀況一堆的，也有一輩子很「好命」

的，有很有錢的，同時也有欠債連連的等等，無法一概論之。

　　倒是有一個有趣的巧合，就是：許多的最後一世不管結婚與否，很多是沒有小孩的。這不免讓我想起一直以來的疑惑，那就是：為何深受中華文化傳宗接代傳統觀念影響的台灣，全球生育率會是最低的？難道都是經濟惹的「禍」？還是驚人的高比例最後一世，造就了台灣少子化的現象？這可是一個值得探討的數據哦！

　　所以，打把燈照過來吧！照亮在台灣每一個靈魂的旅程上，你會發現：或許許多人已經身穿博士袍，等著「地球畢業典禮」的開始；有的還在依依不捨，有的卻急著要拿走畢業證書。不管你是否快快樂樂還是哭哭啼啼，典禮結束後、離開禮堂時，一定都會回眸會心一笑，因為你確實曾經在地球上愛過。

India, a true beauty living in a giant's heart.

印度，一位住在千年巨人心裡的永恆美人。

Keshin

二、納迪葉聖哲

何謂聖哲
Who are Siddhas

聖哲（Siddhar ／ Siddha ／ Cittar）在印度泰米爾文裡意指：一個與宇宙源頭連結，身心透過持續不斷的修煉與靜心，最終超越 Ego（自我）與時空，使心智與意識達到完美結合境界「Siddi」的自由靈魂。梵文裡則指「完人」或「達到最高境界狀態者」。

他們處於身體與靈性結合的最高境界，是宇宙能量金字塔上端的振動頻率；他們穿梭於不同次元的實相中，是擁有崇高智慧的神聖能量；他們遊走宇宙時空，是無時無刻連結多次元面向的純粹意識；他們顯化在人類不同文化歷史中的關鍵時刻，是全面提升人類靈性的耶穌、佛陀、穆罕默德；他們通曉科學、天文、文學、醫療、藝術等等，是集宇宙智慧百科於一身的全能存有；他們在千（萬）年前以優美的印度古詩記錄下許多人的靈魂議程；他們是讀取你我宇宙雲端阿卡西訊息的高次元靈性大師。

「Siddhi」有三種不同境界層次：

1. Vuruva Siddhi：意識在有肉身的狀態下，身體與宇宙源頭高頻共振，因此全身散發著光。

2. Aru-VuruvaSiddhi：意識在有或無肉身的狀態下，身體轉化為一團火球與宇宙源頭結合。

3. Aruva Siddhi：意識在無肉身的狀態下，使身體與源頭結合，直接蛻變成光而完全消失。

許多聖哲當肉身完成靈魂入世旅程，達到了「Vuruva Siddhi」的境界，也就是入定三摩地（Soruba Samadhi）後，身體細胞在快速的振動頻率下昇華為光體，肉身處於永存不朽的狀態，因此具有許多超凡能力。有關他們的一些事蹟，在世人眼裡宛如神蹟，於是在人類各文化中有有不同的稱法，例如 Rishis、Sage、Saint、高靈、仙人等等。

聖哲是超越生死輪迴的自由靈魂意識，他們有的是受到天啟，有的則在有限的肉身裡，憑著自身不斷的修煉，而達到無限的可能；他們記錄下自己修煉的過程與對宇宙萬象的觀察，以此幫助人類提升靈性意識。聖哲們有幾種在凡人眼裡視為神奇的力量——聖哲的靈性修煉方法與回春益壽養生之道，至今仍在南印度當地傳承流傳。

　　聖哲們認為，人類的身體如同神殿一樣，我們是神的「縮小版」，來到地球的目的就是覺察並體驗神性，然後將其顯化在生活各個層面中。他們認為，人可超越肉身一切限制，例如頭髮變白、視力減退、年齡增長、罹患疾病以及身體老化死亡等現象。對聖哲而言，人體可以維持青春永駐的狀態；對聖哲而言，人體是十分奧妙的，有著七個脈輪能量中心，透過瑜伽修煉可以全然被啟動。一旦修煉達到如此的境界，就能覺察並全然顯化神性真理，而所謂「神奇力量」自然就會顯化。

　　在聖哲錫如穆拉（Thirumoolar）的曠世鉅作《*Thirumandiram*》裡提到八種超自然力量：

1. Anima：隨心所欲，小如原子。
2. Mahima：大如宇宙，無限擴張。
3. Karima：隨心所欲，重如泰山。
4. Lahima：身輕如煙，無所不在。
5. Prapthi：可進入任何肉身。
6. Prahamiyam：可以成為任何事物。
7. Esathuvam：無所不能，全知全能。
8. Vasithuvam：無所不到，可至任何一處。

　　實際上撰寫納迪葉的聖哲們不只十八位，許多學者根據南印傳統，提列出十八位達到「Siddhi」聖哲的說法，其中最著名的有 M, Govindan 所著一書《*Babaji, and the 18 siddha, Kriya Yoga Tradition*》，書裡詳細記載十八位聖哲的緣由，本書以此為參考。

★十八位聖哲總覽表 The 18-Siddha Chart

Siddha（聖哲）	Place of Samathi（入三摩地之處）	Guru（師父）	Disciples（門徒）	Contribution（貢獻）
1.Agathiyar	Anandasayana	Shiva	Bhogar, Babaji, Thiruvalluvar, Machamuni	泰米爾文法，瑜伽，醫藥，回春
2.Nandi Devar	Kasi(Benares)	Shiva	Thirumoolar, Pathanjali, Dakshina, Moothy, Romarishi, Sattaimuni	自然醫藥，回春，瑜伽，煉丹，哲學
3.Thirumoolar	Thiruvavaduthurai	Nandi		瑜伽，哲學
4. Bhogar	Palani	Agathiyar, Kakangi, Nathar	Babaji, Konkanavar, Karuvoorar, Pulip-pani	瑜伽，煉丹，醫藥，自然科學，哲學
5.Konkanavar	Tirupathi	Bhogar	Idai Kadar	宗教，瑜伽，醫藥，哲學
6. Macchamuni	Thirupparankun-dram	Agathiyar, Pun-nakeesr, Pasundar	Gorakkar	哈達瑜伽，譚催瑜伽
7. Goraknath	Poyur（Girnar）	Dattatreya(Vishnu), Maccamuni	Nagarjuna	哈達瑜伽經，覺頭陀歌，煉丹，醫藥
8. Sattaimuni	Srirangam	Nandi, Dakshi-namoorthy	Sundaranandar, Paambatti	煉丹，醫藥
9. Sundaranandar	Madurai	Sattaimuni		醫藥，哲學
10. Ramadevar (Jacob)	Alagar Mali	Pulastiyar, Karuvoorar	Sattaimuni, Konkanavar	醫藥，咒語經
11. Kudambai	Mayavaram	Alukkani, Siddha（Idaikadar 的門徒）		聖哲論哲學
12. Karuvoorar	Karuvai（Karur）	Bhogar	Idaikadar	助建坦賈武爾濕婆神神殿，醫藥
13. Idaikadar	Thiruvannamalai	Bhogar, Karuvoorar	Kudambai, Alukkani	回春
14. Kamalamuni	Aarur			醫藥，哲學
15.Valmiki	Ettikudi	Naradar		記錄羅摩耶那史詩
16.Pathanjali	Rameshwaram	Nandi		古典瑜伽經
17. Dhanvanthri	Vaitheeswaran Kovil			醫藥，煉丹，回春
18. Pambatti	Hari Sankaran Kovil	Sattimuni		聖哲哲學

聖哲緣起
About Siddhas

《吠陀經》上提及，銀河中心調控著宇宙創造與毀滅的週期循環，也就是，宇宙的擴展與伸縮，如同大梵天（Brahma）的一呼與一吸。一個宇宙循環有七大週期，每一梵（Kalpa）週期共有 432 萬年，分為四個育迦（Yuga）時期。目前地球處於第六週期的第四育迦（Kali Yuga）時期。

所謂育迦（Yuga）四大時期為：

1. Satya Yuga 時期，延續了 1,728,000 年。

2. Treta Yuga 時期，1,296,000 年。

3. Dwapara Yuga 時期，864,000 年。

4. Kali Yuga 時期，432,000 年。

Kali Yuga 時期始於西元前 3102 年 2 月 17-18 日，是維溼奴的第八個化身──奎師那神，離開這個化身 125 年 7 個月 9 天後。Kali Yuga 時期又再劃分為 6 個階段：

(1) Yudhishtara Shaka，3,044 年。

(2) Vikram Shaka，135 年。

(3) Shalivahan Shaka，18,000 年。

(4) Vijayabhinandan Shaka，10,000 年。

(5) Nagarjun Shaka，400,000 年。

(6) Kalki Shaka，821 年。

現在我們正處於第三 Shalivahan Shaka 階段。到西元 2000 年為止，Kali Yuga 已過了 5,175 年。

根據印度經文《往世書》（*Shiva Puranas*），裡面敘述了許多有關濕婆神在西藏岡仁波齊峰（Kailash Mountain）上被眾多瑜伽修行者奉為宇宙之源的故事。聖哲文化始於百萬年前，當濕婆能量將呼吸修煉法傳授於世，而後點化

了許多聖哲，包括阿伽西亞（Agathiyar）、南迪德瓦（Nandi Devar）與錫如穆拉（Thirumoolar），之後阿伽西亞點化了巴巴吉（Babaji）。

地球在冰河時期結束後，大量消融的冰川湧入海洋，造成海平面上升，洪水灌入陸地，幾萬年來不斷的改變著海岸線，許多沿海城市也因此被吞沒而沉入海底。第一世紀時，由南部哲羅帝國[6]王子 Ilango Adigal 所著的泰米爾五大史詩之一的《Silappadikaram》（德婦抗權復仇記），曾數次提及一個廣大的地域「Kumari Kandam」，現已被歐洲學者們證實為列穆里亞（Lemuria）或岡瓦那古（Gondwanaland）[7]。這裡曾是龐地亞王朝（Pandya Dynasty）部分領土，全境劃分為 49 省，有兩條河流貫穿，原始腹地曾從現今南印最南端的 Kanyakumari 往西觸及非洲，南至大洋洲，如今除了錫蘭（斯里蘭卡）外，整塊陸地曾陸續被洪水吞沒約 7 次，而沉落於印度洋中[8]。

印度半島從西元前 3 萬年到西元前 2700 年，地震、火山爆發等自然災變，引起地表與海底層的變動。在聖哲文學中也曾提到，現今南印最南端即為當時 Kumari Kandam 地震中心。當列穆里亞洲 kumari Kandam 的西部下沉時，居民遷徙至亞洲、澳洲以及太平洋上的陸地，甚至向西遷移殖民於北美與南美洲，並在尼羅河谷建立了埃及文明，以及在介於歐洲與北美洲之間建立了亞特蘭提斯。

國土位於 Kumari Kandam 的龐地亞王朝，其名「Pandya」則是來自泰米爾古字「Pandu」，乃「遠古」之意，在埃及文裡，「Punt」是埃及人的源起之地，他們從埃及東海岸來到了東南方，奠定了偉大的埃及文明。

1930 年代，德國地質學家 Wagner，證實非洲、澳洲、印度半島、南美洲、錫蘭與南極洲就像拼圖一樣，一度曾是一片相連的大地，後來有的板塊分離飄移，有的沉落海底，而現代地理學上所說的板塊移動現象，在 19 世紀還曾一度

---

6. 哲羅王朝（Chera Dynasty，西元前3世紀至西元12世紀），泰米爾諸多王朝之一，國土位於今克拉拉邦（Kerala）與泰米爾納度省（TamilNadu）西部。
7. 根據維基百科裡的註解，岡瓦那大陸（岡瓦納古陸）也稱南方大陸，可能是一個存在於南半球的古大陸之一。岡瓦那原本是印度的一個地名，地質史學家在這個地方發現了岩石與南半球其他大陸的共性，故назван名岡瓦那大陸。這裡由盤古大陸的南部分裂而成。進一步分裂成：紐西蘭島嶼、澳洲大陸、南美大陸、南極大陸、馬達加斯加、非洲大陸，以及已經漂流到北半球的印度古陸、阿拉伯半島。
8. 地質學家以電腦精算地球溫度變化、海面上升與冰融期，推算Kumari Kandam曾被海水淹沒數次高達7次：1.西元前16000年，2.西元前14000年，3.西元前9600-9500年，4.西元前5200至5500年，5.西元前3100年，6.西元前1800年，7.西元前700年至西元1700年。

被學者們視為神話呢！

　　西元 2001 年，印度環境污染考察隊在西北邊的坎拔灣（Gulf of Khambhat）附近海底深處，意外發現兩座面積約有紐約曼哈頓大的古城，出水的文物被證實約有 32,000 年之久，考古學家推測是 9,500 年前被洪水吞沒的沿海城市之一。隨後知名古文明學者葛瑞姆‧漢卡克（Graham Hancock）[9]與幾位考古學者們，又在附近的德瓦爾卡城（Dwarka）沿岸海底，發現了一些聖石與城市遺跡，使得許多學者深信，這裡就是傳說中由奎師那（Krishna）所建造、後遭海水淹沒的 Dvaraka 城遺址。

　　隨著這些古文明遺跡相繼出現後，古老外星文明學者們根據《摩訶婆羅多》裡，奎師那在 Dvaraka 城與敵人大戰時，雙方所使用的武器與激烈的交戰過程，更確定這些看似神話的「超現實」描述，即是來自外星文明高科技戰爭才可能產生的景象，而法力無邊的奎師那，其實就是具有超能力的外星人。

　　古老外星文明學者們，相信這些沉入海底的古城與外星人之間的關係連結，可從集聖哲眾群智慧結晶的泰米爾桑坩文學聚集會（Sangam Literature）上所留下的文獻裡找到。泰米爾桑坩文學聚集會是當時重大的文學研討會，共有三大階段，而前兩次遭洪水淹沒的聚集會地點，則是現今學者們稱之為「失落大地」列穆里亞的「Kumari Kandam」。

　　自有史以來，一般認為，印度文明始於西元前 1500 年入侵的父系制雅利安（Aryans）人，同時相信，記錄雅利安古文明初期社會寫照與生活的《梨俱吠陀》（Rg-veda，西元前 1500 年）為印度最古老的文獻。隨著本世紀初發掘出土的兩個印度河文明古城（Indus Civiliazation）、摩罕究達羅（Mohenjo-Daro）

---

9. 葛瑞姆‧漢卡克（Graham Hancock），英國知名古文明研究學者，著有：《天之鏡》、《上帝的指紋》、《Underworld》等書。

10. 考古學家馬歇爾（Sir John Marshall）教授於1921-1922年在印度河谷旁（Indus Valley，現今巴基斯坦境內），發現了一個東西長1.6公里、南北長1.4公里的一個同文明的大量遺址中，有些文物以碳14年代測量法估計，距今約一萬多年。其中收穫最大的是，發現兩座高度文明的古城遺址：哈拉巴（Harappa）與摩罕究達羅（Mohenjo-daro，亦稱死亡之丘），因此將印度上古文明稱之為「Indus Civilization」（印度河文明）或哈拉巴文明。最令考古學者讚嘆的是，兩座古城的構築井然有序，是在規劃相當完整的都市計劃下而完成的，街道寬闊，整齊劃一，貧富均等，不見任何統治者宮殿。「燒磚」蓋屋普及，不同於美索不達米亞文明只用於宮殿建築，而是全城住屋都以此建造。另外住屋有二、三層樓高，樓上設有傾倒垃圾的通道，屋內均有完備之給水，家家皆有浴室、廁所，全城排水設施十分完善，城中還有「游泳池」等令人不可思議的公共設施等。印度河文明約於西元前1800年衰弱。從出土遺跡測試出，輻射反應指數高於一般50倍，人體骨骸中居民死狀突然，臉部表情驚愕，推斷城市可能毀於瞬間。

與哈拉巴遺址（Harappa）[10]，種種跡象顯示，印度文明勢必歷經數千年的演化進展，才得以達到當時如此高度的文明水準。

許多學者因此間接否定了雅利安人為印度文明開端之說，而將印度歷史遠溯及史前時代，並認為，此文明的開創者應該是南印母系制德拉維達（Dravidian）人[11]的祖先。考古研究更證實了早埃及文明與美索不達米亞文明約 2500 年的摩罕究達羅市，在巔峰盛世之時，曾是當時世界上最大的城市，而不同於美索不達米亞、埃及、希臘、羅馬與印加文明。在摩罕究達羅遺址中發現的數枚印章裡，竟有精緻完整的人形禪坐圖騰，背景有濕婆神的符號，象徵人類世界最古老的文明即是聖哲文化。

牛津大學 A.C.Seward 教授以植物的化石證實，地球上首次出現有植物脈絡跡象的是在古生代時期（三百萬至四百萬年前）。另外 Eward Vulliamy 教授與幾位學者，以此畫出六個四百萬年前的地質景觀，Srinivasan（1986）教授更指出，地球唯一沒有變動而持續存在的陸地，只有現今的南印，其他任何地方的陸地，在這四百萬年以來，都曾經歷過局部甚至全部沉落於大海裡的過程。

有些聖哲文獻上也曾提到過板塊遷移之實，這讓南印成為異乎尋常的上古文化搖籃，而文獻上有關十八位聖哲，出現的地方幾乎全都在南印！對於為何這片土地是世界上唯一不曾被海洋吞沒過的最原始陸地，並擁有最古老的岩石，或許並不全然是個巧合：當地表變動造成德干（Deccam）高原在泰米爾半島形成時，聖哲阿伽西亞來到了珀西蓋山丘（Pothigai Hills），從此孕育了泰米爾文學與聖哲文化。

每位聖哲對人類科學、醫療、文學、瑜伽修煉與哲學，都有非常大的貢獻。為了提升人類意識進化，他們常常身居幕後，在各個領域中啟迪許多人的創見，促使我們邁向更高的宇宙意識。撰寫納迪葉的聖哲不止十八位，只是印度傳統上卻一直有這樣的認定，所以我的祝福葉片上常會收到來自其他不同聖哲們的祝福。

---

11. 德拉維達（Dravidian）人，起源於印度河文明，現今印度南部泰米爾半島居民，包括：泰米爾省、Teluga、Kannadigas與Malayalis。

有關聖哲的歷史，至今還尚未被完整記錄，後人得從難懂的泰米爾古詩的記載中，才可得知。至今只可根據他們所留下的這些零散破舊、飽受白蟻侵蝕的古老棕櫚葉上的研究結果，以及編輯印製不善的彙編書籍作為參考[12]。

　　聖哲智慧涉及領域極為廣泛，文學、醫學、瑜伽修煉、生理學、煉丹術、化學、植物學、形而上學等等。捷克籍的印度文史學家 Kamil Zvelebil 認為，聖哲所用的語言之所以不易被詮釋，乃因他們欲尋求有緣人，認為有誠之士自然會受到啟發；而聖哲文化一直沒有被系統化的推廣流傳，也因聖哲大都是以口述祕傳方式傳授智慧，並無留下任何文字輔助說明；而聖哲們主張萬物合一、存異求同，認為宗教與社會階級制度嚴重阻礙了人類靈性的思維進展，這使得印度教主流勢力極力排擠聖哲文化在當地的影響力。

　　聖哲們知道如何透過宇宙各種不同的光、聲波（如咒語或祈禱文）以及回春益壽法（如瑜伽與煉丹術）等方式，將容易老化腐壞的身體質煉為不受時空限制的靈魂載具。簡單來說就是：將身體去物質化（Dematerialize），同時提升靈性層次（Spiritualize）。他們訊息裡所帶來的真理，往往非常直接而且直搗事物核心，因此震醒許多因循守舊、局限在知識學說與教派理論的人。

　　聖哲的思維超越宗教經文制約，不迎合累世傳統信仰，他們透過自身修煉與領悟，在體驗了天人合一與最終真理後，將本質能量淬煉蛻變為神性靈能，由於這些體驗超越人類經驗極限，有關他們的研究與留下的有限著作，無不為人類靈性升進提供了相當有價值的洞見。

　　為了研究聖哲們的歷史背景，一路上困難重重。首先聖哲們不曾寫下任何自傳，許多在修煉過程當中也會變更名字[13]；另外有關這方面的著作極少，而且所有的資料幾乎沒有一致的說法，大多以「幾千年」含糊帶過；有些有註明年代的，也都是介於 2000 年到 10000 年之間。感謝 Guru 提供納迪葉的緣由與

---

12. 1973年，學者Zvelebil針對18聖哲的歷史文獻收集：
　　 1. 1899年由Ramalinga Mudaliyar出版的《*Periya Nanak Kovai*》。
　　 2. 1956年由Pillai 編輯的《*Siddhar Nanak Korvai*》（Siddha's of wisdom），包括了816頁不同作家詩選。
　　 3. 1968年由Aru Ramanathan編輯的《*Siddhar Patalkal*》。
　　 以上都是收錄集結而成，缺乏語言學學者的輔助說明，以致艱澀難懂。
13. 修煉過程當中，聖哲多由於師父點化時更換名字。由於他們不為自己留下自傳，人們大多會以入定三摩地之處來尊稱他們，加上聖哲在各時期進出不同人體，名字也有變動，因此聖哲常會有幾個不同名字出現。

歷史背景，並陪同我實際造訪當地，收集了許多資料。

　　有關聖哲們的傳說，幾乎都是早於吠陀經典，所以研究兩者真正的起始點，就得先了解印度的上古歷史，為此我花了很多時間參閱研究手邊收集的相關資料，包括印度史前考古與地質資料等等。印度歷史悠久，但歷史專著卻特別貧乏，或許因為多年來歷經多次改朝換代與外族入侵，不像中國有系統的史書，詳記著各個朝代的史實，因此在研究上特別困難。另外，印度在西元 1947年獨立後，才開始重視自己的歷史，而印度政府在文物記載與保存方面，似乎又不夠慎重，對於一些千年破損的古物維護還是頗為疏忽，許多資料反而必須仰仗歷來外國人來訪的記錄，才能對照出實際年代。

　　有關聖哲的歷史驗證得從各方面著手：民間傳說、地質學、考古學、史前生物學、宗譜學、天文學、語言學以及古老文學等，目前除了最早期的阿伽西亞、錫如穆拉、南迪（Nandi）還有柏哈爾之外，其他聖哲的歷史年代都已確認出現在 4 到 12 世紀。追溯歷史正確性往往需要靠考古與科研來印證年代，而人類在這方面的發展，也只在這短短一百年內才有所突破，我們才得以從這些出土文物中改寫過去所知的歷史。或許將來隨著考古科技的進步，能更進一步探索、發掘更多埋藏在地底下的遠古祕密。

Pothigai 山丘

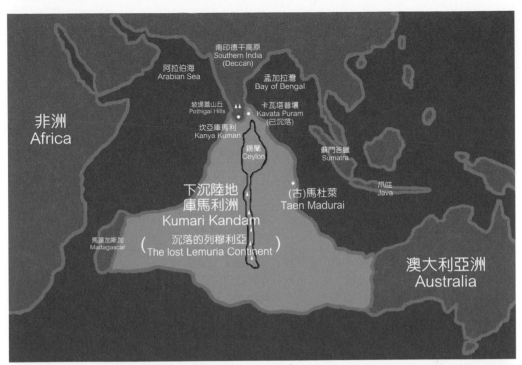

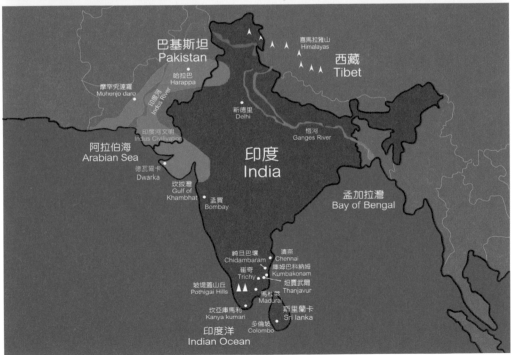

（上）西元前三萬年古印度地圖　　（下）今日印度地圖

聖哲阿伽西亞
Sage Agathiyar

聖哲阿伽西亞（Sage Agathiyar）是印度文明七大聖賢中最具代表性的一位，也是第一位被尊奉為「Siddha」的聖哲。「Agathiyar」（其他拼法還有 Agastya、Agasti 及 Agastya）是「一位引導內在之火光之人」的意思（Agam= 內在，Ti= 火）。有些人甚至說，聖哲阿伽西亞其實就是濕婆神的化身，他不僅是聖哲中的聖哲，更是帶領眾多聖哲們記錄下每一個人前世今生與來世的偉大人文貢獻者。

他被視為宇宙九位高靈其中一位，來到地球的使命是為地球人開示，是上古歷史最元老的授業解惑者，也是第一個在心中意識到 mantra（祈禱文）並向世人傳揚的靈性大師。有關他的歷史起源時間點，有不同的記載，有的文獻顯示，他甚至在幾百萬年前就已生活在地球上，並相繼以不同的人名與化身出現在每個育迦（Yuga）初期，啟迪人類各大新文明，包括兩河流域的蘇美文明。

聖哲阿伽西亞是印度歷史中最傳奇的人物之一，傳說中，當年濕婆神與妻子帕爾瓦蒂（Parvati）在西藏的岡仁波齊峰（Kailash）結婚時，眾神歡聚於此，於是造成整個地球傾斜。為了使地球回復平衡，濕婆神派遣聖哲阿伽西亞前往南印。

他的南渡在歷史上分為三大階段，前一、二階段在《羅摩耶那》史詩都有記載，在第三段歷程中來到了珀堤蓋山丘（Pothigai Hills），位於當時龐地亞王國（Pandya）境內。後來阿伽西亞又陸續在爪哇群島、泰國、馬來西亞、柬埔寨等地居住過，以至於在東南亞各地，都有許多尊奉聖哲阿伽西亞的古老寺廟；吳哥窟寺院的規劃藍圖，也是源於聖哲文獻中的概念建造而成。

印度《摩訶婆羅達》與《羅摩耶那》史詩都有記載聖哲阿伽西亞的事蹟，他身長不到五尺，手裡常拿著一個金壺，在印度神話裡，他是愛神 Mitra 與少女 Urvasi 從壺裡生出來的兒子。在第三育迦時期（Treta Yuga）定居於南部泰米爾地域（Tamilakam）[14]，因此任何有關泰米爾的傳統起源、文學以及聖哲回春

益壽修煉療法（Siddha Medicine），追朔起來都源自他的影響。

聖哲阿伽西亞對人類文明有許多關鍵性與劃時代的偉大貢獻，其中一項是創立了「泰米爾桑坩文學」（Sangam Literature）。「Sangam」是泰米爾文「聚集」之意，而「泰米爾桑坩文學」則指：由聖哲、文人們與當時龐地亞歷代國王皇室們，所聚集舉辦的三期文學研討大會，所撰寫產出的當代文學。

在第 9 世紀有關泰米爾文法的文獻中，提到了龐地亞王國數代君王們，舉辦了三大階段性泰米爾文學研討聚集的故事。根據文史學者葛瑞姆・漢卡克（Graham Hancock）的年代推斷資料顯示，聖哲阿伽西亞在當時尚未下沉的 Kumari Kamdam 大陸上的龐地亞王國古都 Taen Madura 城，開創了第一個「泰米爾桑坩文學」聚集會（西元前 14000 ～ 9546 年），期間聚集了 89 位龐地亞國王，4449 位學者詩人，創始了「Agattiyam」泰米爾文法，持續了 4400 年，直到陸地遭洪水淹沒。

第二階段（西元前 9200 ～ 5474 年）在 Kumari Kamdam 北邊的 Kavatapuram 城，重新開創了泰米爾文學聚集會，延續泰米爾文法撰寫，相繼由 59 位龐地亞國王以及 3700 位學者們參與彙編成《Tolkapiam》。根據泰米爾學者 Nakkirar 的註解，《羅摩耶那》也是屬於第二階段的文學作品，第二期持續了 3700 年，直到海水將城市吞沒。

最後第三階段，則在位於現今泰米爾省郡南部的 Madurai 城，聚集 49 位龐地亞國王與 49 位學者，維持了 1850 年（BC 1700 ～ AD 300），最後約在西元 300 年左右結束。而第二階段所編著的《Tolkapiam》，是流傳至今最古老的泰米爾文學，推測是當時的國王可能預知國土即將發生變動，已將許多珍貴的文化資產北移至後來的龐地亞國都 Madurai，有些文獻因此保留下來，這就是為何現今 Madurai 古名為「Vada Madura」（北部 Madurai）之意，許多文獻也記載了龐地亞王國為了向北徵地，與當時在泰米爾地域（Tamilakam）的諸國征戰討地的事蹟。

---

14. 泰米爾地域（Tamilakam）：古代泰米爾原始版圖，包括現今的泰米爾省（Tamil Nadu）與克拉拉省（Kerala），以及沉落於海底的 Kumari Kandam，史學家以此論及「泰米爾桑坩文學」時期的時代背景。

由於聖哲阿伽西亞創立了泰米爾文，因此被尊稱為「泰米爾文學之父」，他精通各項人類文明領域：文學、天文、醫學、煉丹（金）、回春與瑜伽修煉等，同時也是納迪葉主要的訊息傳達靈魂人物。

　　有趣的是，阿伽西亞在印度天文與占星學代表二十七星宿裡井宿星團裡的 Canopus 星，是南半球最明亮的恆星，也是中國稱之為「壽星」的「南極仙翁」，此星職掌福壽，具有影響人類命運否泰的力量。

　　記得幾年前與男友到黑龍江雙城「接靈」時，正當閉眼時，眼前罕見的出現了一位禿著巨大光亮頭頂的白髮老人，身上披著長長的褐色袈裟，手掌乾裂的像龜趺，拿著一個大拐杖，沒有牙齒，笑咪咪的說是我認識他，要我叫他「老劉」，還說自己已經很老了。當我向他問及令人擔憂的未來時，他未透露任何訊息，僅揮揮衣袖笑著叫我別擔心，卻一直在門外遲遲不肯離去。我當時不知道他是誰，只覺得像是腦海裡認知的「壽星」，直到此刻寫到聖哲阿伽西亞與南極老人星的典故時，好奇的上網 google「南極仙翁」的圖片，赫然發現，竟然就是當時看到的老壽星！！！

　　Om Agathisaya Namaha……

聖哲錫如穆拉
Sage Thirumoolar

　　眾位納迪葉聖哲中，錫如穆拉（Thirumoolar）是除了阿伽西亞外，與我最有連結的聖哲了。自從拜訪了他的三摩地入定之處以後，常常出現在我祝福葉篇裡，給予我許多勉勵與祝福。

　　2012 年到印度的第二天，一陣細雨過後，在一個詩意的午後來到了 Thiruvavaduthurai 郊區，好一個氣場不凡之地！一到那裡，令我自然而然的只想就地靜坐，一整個下午浸淫在一股祥和的能量流裡，遲遲不捨離去，至今無法忘懷。巧的是，當天正是我的主星日！在聽完 Guru 講述他的故事後，種種巧合讓我深感與他似曾相識，使我對他倍感親切。

　　聖哲錫如穆拉原名是 Sundaranatha，一直住在喜馬拉雅山上。他是一個選擇入世而非因果輪迴轉世的自由靈魂。有一天他為了前往南部拜訪住在珀西蓋（Pothigai）山丘的阿伽西亞，路經 Rajendrapura 國，當時全國正為國王 Virasena 的駕崩哀悼，皇后極度的悲痛。看到此景，錫如穆拉決定進入國王的身體，於是告訴弟子，自己需離開自己的身體一陣子，請弟子好好照顧著他的肉身。弟子遵照師父的指示，把師父肉身藏於洞穴中。

聖哲錫如穆拉三摩地

錫如穆拉回到了國王的身體後，皇后觀察到國王已與往常大不相同，錫如穆拉於是告訴她實情，並告知自己的肉身在何處，除非於日蝕時以七種特別原料燃燒才可摧毀。皇后知道後，生怕他隨時會離開國王的身體，於是派人到洞穴將他的肉身燒成灰燼。

錫如穆拉當國王期間，靈魂常常離開身體。有一次看到一位婆羅門士因修煉方法不周，死在樹下，憐憫之心再起，決定離開國王的身體，進入修士身體，好讓他把修煉方法傳授給大眾。於是他將國王的身體藏在樹下一個大坑裡，在這棵樹的庇蔭下，得以長時間在此靜坐，因此祝福了這棵樹，樹種也以此得名「Arasamaram」（國王樹）。

錫如穆拉的一生為了幫助眾生，多次進出入住不同身軀。有一天他來到了 Thiruvavaduthurai 城，看見河邊一群牛圍繞在牠們剛死去的主人 Moolar 身邊哭泣，不再吃草。錫如穆拉見狀，當下感受到牛羊們內心極度的悲痛，於是決定進入到 Moolar 的身體。當牛群看到主人又站了起來，開心的跳著，一直舔著主人不放，知道他們的主人又回到身邊，便又快快樂樂的回到草地上繼續吃草。

當晚錫如穆拉隨著牛羊回到家中，看到 Moolar 的妻子，便告訴她不能住在她家，說完便在一處席地而坐，進入深層靜心。Moolar 妻震驚萬分，請來村裡的人到場評理；村民們一到時，只見錫如穆拉全身開始變化，整個人紅光滿面，氣宇飛揚，已經完全不像原來病懨懨的 Moolar。村民勸 Moolar 妻不要再打擾他，好讓他靜心。

幾天過後，錫如穆拉回去想找回自己的身體時，卻已找不著了，於是他又進入深沉靜心，得到啟示，原來是濕婆神將他的身體帶走的，好讓他能以一位南部人的形體為當地人開示。於是錫如穆拉接受了 Moolar 的身體，在南部各地到處為民眾服務，深受人們敬重。

最後他來到了 Chidambaram 鎮的濕婆神廟附近一棵榕樹下坐下靜心，一坐就是一年，然後以四行詩寫下一年內的洞見。如此一年四句，因此成就了曠世鉅作《*Thirumandiram*》詩經，世人尊他為「Thirumoolar」，「Thiru」在泰米爾文是神聖的意思。

許多聖賢強調靈性修煉，而往往忽略身體的價值，有的甚至鄙視肉身的存在，錫如穆拉卻是第一位提出「靈魂與身體並重」這種非主流的主張；並認為，若無肉身的支持，靈魂將無法得到救贖，正是因為肉身脆弱，更要使其處於最佳狀態，靈魂才得以充分顯化神性 [15]。

　　《Thirumandiram》是一部以泰米爾文撰寫的真言經，「Mandiram」是「神聖奧祕之語」。此經對修煉有詳細的描述，了解經文的意境可使人領悟真理，而朗讀詩經本身如同唱誦咒語，透過聲波振動，即可提高人的意識層次。錫如穆拉每一年只寫一首四行詩，然後又再度進入深層靜心，直到下一年，如此寫下三千首詩經，表示當時錫如穆拉已在地球生活了三千年了。

15.《Thirumandiram》，Verse 724：「如果身體退化或消失，靈魂將因此無法體驗最終真理。愛護並充分了解如何修煉其身，不僅滋養了身體，同時也滋養了靈魂本身。」

聖哲柏哈爾
Sage Bhogar

　　說起聖哲柏哈爾（Bhogar），應該會是華人最感興趣的聖哲。他出生於南印金匠世家，在他的詩集《*Bhogar Jnana Sagarama*》裡提到自己是泰米爾人。聖哲柏哈爾是由兩位大師——阿伽西亞與聖哲 Kalanginaathar 點化的，最後是在 Palani 山入定三摩地。

　　西元前 3102 年（kali Yuga，最後育迦時期之初），柏哈爾曾與許多聖哲們，針對地球即將來臨的黑暗時期進行討論，認為下一階段對提升人類靈性進展最有助益的方法，就是透過「愛」與「奉獻」的「Bhakti Yoga」瑜伽法修煉 [16]。

　　柏哈爾常常「離開」身體，透過「星際旅遊」或以進出不同人體的方式周遊列國。在他自己的詩歌裡曾提到，自己是以飛行物到中國遊歷，在回到印度前，與中國許多聖賢們進行過交流，細節記錄於所著《*Saptakandam*》一書裡。除此之外，聖哲柏哈爾還被證實曾經到過南美洲智利 [17]。

　　柏哈爾在師父的指示下，來到中國，當時他進入了一位剛死去的中國男人的身體，隨後以「Bo-Yang」為名，而「Bo」來自泰米爾語「Bhogam」，是福佑之意，也就是當昆達里尼啟動時，陰性能量 Shakti 到達頂輪，與陽性能量 Shiva 合而為一，即是陰陽合一，意識達到最高境界的狀態。

　　柏哈爾在當地傳授了許多聖哲文化與科學，後來為了延續自己入住的中國男子身體，在「Kriya Kundalini Pranayama」呼吸法與其他瑜伽修煉達到三摩地最高境界前，必須服用名為「Kaya Kalpa」的回春藥丹，使身體延壽、停止老化，在他的詩集裡敘述此煉丹過程 [18]。

　　在煉製完藥丹後，柏哈爾帶了三位弟子與一條狗，來到了山丘。首先給他

---

16. Bhakti Yoga：透過愛、奉獻與信任以及對自己至尊的神全然臣服，一種有效且人人都可做到，容易練習的瑜伽法，稱為「奉愛瑜伽」。

17. Lai 1965, p.20。Authorities quoted by Bancroft in the Pacific States, Vol. V .,23-24：「Bocha，一個穿著長袍、留著鬍子的白人來此為我們制定曆法、祭典，然後就像其他大師一樣，爾後消失無踪（根據許多印加、阿茲特克與瑪雅的傳說提到，許多從太平洋來的偉大大師們都消失無踪了）。

的狗吞下了這劑靈丹，狗兒即刻倒下，之後給了第一弟子 Yu 服下後，也跟著倒地，另兩位弟子在旁見狀後不敢服用，於是將丹丸偷偷藏著。而柏哈爾將剩下的靈丹一併服下後，也馬上失去意識，兩位弟子驚嚇悲傷不已，哭著下山尋找材料好將他們一一埋葬。

當他們回來時，竟不見任何人的身影，卻只見柏哈爾留下的字條，上面寫著：「此丹已見效，待大家回神，我已幫這幾位忠心耿耿的弟子們修復元氣了，二位可是錯失已到手的『長生不老』仙丹啊！」服下這劑靈丹後，徹底轉化了柏哈爾入住的這個中國男子之軀，隨後以此維持了 12000 年。這段期間，他的身體開始不斷的散發著光（這是三摩地的前期階段，隨後在他回到了印度 Palani 山後，才完成最後修煉階段）。

聖哲柏哈爾在中國以 Bo-Yang 為名，後來在當地被稱為 Lao-Tzu（老子），兩百年來教導了許多弟子。在西元前 5 世紀，孔子見了老子後，回去跟弟子說了以下這段話：「鳥，吾知其能飛；魚，吾知其能游；獸，吾知其能走。走者可以為罔，游者可以為綸，飛者可以為矰。至於龍，吾不能知其乘風雲而上天。吾今日見老子，其猶龍邪！」可見老子深不可測的智慧，連至聖先師孔子也讚嘆不已。

到了西元前 400 年，柏哈爾在中國任務完成之際，與弟子 Yu（之後取名為 Pulipani）和幾位忠心的弟子們離開了中國，在經過 Han Ku 山時，被一位邊界駐守挽留下來，將他的教導具體成為二書：《道經》37 篇，《德經》42 篇。他們一群人在回家的路上，來到喜馬拉雅山附近拜訪了許多聖廟，在岡仁波齊峰受到濕婆神的祝福後，寫下了 70 萬篇詩經，之後縮編為 7000 篇的《*Bhogar SapthaKandam*》。

離開喜馬拉雅山後，柏哈爾也去到了阿拉伯，在回到印度泰米爾後，他將中國的鹽與瓷燒介紹給當地，之後許多聖哲們跟隨著他學習煉丹術與瑜伽

---

18. 《*Bhogar Jnana*》Sutra 8，verse #4，（翻譯參考 Yogi S.A.A. Ramaiah, 1979, p.40-42）：「我在精心的照護與無比的耐心下提煉了『Kapa Kalpa』丹，並將其服下。無視於他人的愚蠢與懷疑，他們無法領會其中奧祕。各位，我已經在這片外國的土地上住了一萬兩千年了，是啊，我已活了很長一段時間了，一直是以昇華的靈性能量滋養著，由此我得到『Bhogar』此名，我的身體散發著光，我身處與金光的世界裡……」

修煉法，成為他門下弟子。聖哲柏哈爾最後是在 Palani 達到最高的三摩地境界（Soruba Samadhi）。

中國老子的思想與修煉法，與印度聖哲們幾乎同出一轍。在中國，老子是第一位主張陰陽論的聖賢；而在印度，是由第一聖賢阿伽西亞，主張宇宙能量是由濕婆神（Shiva）陽性能量與夏克提（Shakti）陰性能量組成的。保守估計，最晚也在西元前 3500 年前。

另外「煉丹術」這一門科學，始於中國歷史上的秦漢時期，一度盛行於西元前 135 至西元前 175 年，而《皇帝九鼎神丹經訣》與《史記》這兩本有關煉丹的代表著作，時間點都同在西元前 1 世紀，也就是繼老子出現 400 年後才見世。

柏哈爾回到南印後，在 Palani Hill 山丘上，以周遊列國後所收集的九種毒性成分，煉成了一尊慕儒哈（Muruga）神像，至今仍置放於 Palani Murugan Temple 廟內，據說可治癒世上任何疾病。許多科學家試著研究其製造成分，讓他們倍感驚奇的是，抽取出的樣本一遇熱後，立刻昇華消失，其組合成分至今還是個不解之謎，無人可破解。此雕像因長期以來遭受許多人挖取，背部已嚴重受損，如今以仿品代之。在神像所在的地下，有個神祕黑洞，柏哈爾在完成了他階段性的使命後，隨即進入黑洞靜心，由他的中國弟子 Pullipani 的後代們，代代延綿不斷，守護至今。

聖哲拉摩霖迦
Sage Ramalinga

聖哲拉摩霖迦（Ramalinga）許多人稱他為「Vallalar」，他並不是撰寫納迪葉的聖哲成員之一，而是相對比較近代的聖哲，是印度泰米爾文化裡深具代表性的聖哲，也是 19 世紀泰米爾顯著的哲學詩人。我在印度時參訪過他的殿堂，與他非常有連結，也是常常出現在我「祝福篇」上的聖哲之一。

拉摩霖迦 1823 年出生於印度南部，從小成長過程就與人不同，由於父親早逝，哥哥身兼父職的把他帶大，從小安排跟著他在自己老師身旁學習。拉摩霖迦不認同傳統的教育體制，曾在課堂上開導老師，要以愛的教育授業解惑，可以想像，在保守的印度文化裡是多麼不可思議。

由於拉摩霖迦排斥正統制式的教育，他的哥哥認為弟弟孺子不可教也，便不給他食物吃以示懲罰；後來嫂嫂不忍，好言相勸後，爭取讓他自己一人在家自修。拉摩霖迦就在狹窄的房間裡，放置一面鏡子與一盞油燈，每日進入無止境的深層靜心，在完全無人指點的情況下，自己寫下讚美詩，開啟了自己的靈性追尋之路。

由於拉摩霖迦的哥哥是個神職人員，常常得為眾人傳授教義，一次機緣中，由拉摩霖迦代職。初試啼聲的拉摩霖迦，出口成詩，一鳴驚人，句句讚美詩震驚全場，從此他的靈性之旅便跳躍式急速飛越。

在這旅程上，他的身體也起了變化。有感於宇宙眾生皆生命，杜絕葷食，並主張人類靈性若想進展，必得食素；他領悟到宗教對靈性自由的限制，並公然宣稱，印度的階級制度是人類靈性成長的一大阻礙。雖然如此，沉重的近親婚姻制度，還是迫使他與表妹成婚，卻因自己長期的瑜伽修煉，選擇終生不與妻子行房。

1865 年，他在 Vadalur 成立了一個慈善中心，免費供應食物給窮人。開幕當天，拉摩霖迦就地點燃一把火，並告知信徒，必得讓這把火生生不息，永不

消滅，讓窮人永遠有飯吃，地主們受到他的感化，紛紛捐贈此地為大眾服務。1867 年，拉摩霖迦正式成立了「The Sathya Dharma Salai」，免費提供食物，不忌任何宗教或種族。至今這把火還繼續燃燒著，一百四十多年以來，不斷地為許多挨餓的人提供膳食。

1872 年，拉摩霖迦於生火之處，成立了 Sathya Gnana Sabha 殿堂，意為「真理之殿」，開放食素者皆能進入此殿連結神性力量，葷食者則需在殿外，並謝絕任何鮮花、水果的供奉。殿內建有七面紗窗，意指得片片掀開七個面向，方能見到靈魂之光：黑色代表「無知」，藍色代表「神性創造力」，綠色代表「至高能量」，紅色代表「欲望」，黃色代表「智慧」，白色代表「初始能量」，彩色代表「超意識」。在每月 Poosam Star 日，也就是月亮月宿南方鬼宿之日，會開啟一扇紗窗；而每年 1 月到了 Poosam Star 日，七面紗窗則會全部打開，開放讓眾人親睹神性之光。這是 Guru Natrajh 每年必參與的盛事之一，每年到了這一天，數十萬人共聚此地，共襄盛舉，場面極為壯觀。

拉摩霖迦在 1874 年 1 月告別弟子，將自己鎖在殿內，並告誡他們，自己身體將會消失無踪，並請他們不要打開殿堂。此事造成當地騷動，當朝於當年 5 月破門而入，而果真如拉摩霖迦所言，他的肉身已消失匿跡，完全不見身影。

在拉摩霖迦的認知裡，死亡是件極為不自然的事，並非靈性成長必經之事，他主張靈性結合肉身皆可永恆，並認為宗教是靈性不得光明之因。他極力倡導素食，視萬生為己出，認為只有感同身受與心存慈悲，才能與神相遇。在一次深層靜心中，拉摩霖迦感應到神聖之光與愛的恩典，並讚揚它為「Arut Perun Jothi」。《*Thiruvarupa*》是他最重要的著作。

聖哲回春益壽修煉療法／悉達療法
Siddha Medicine

　　「聖哲回春益壽修煉療法／悉達療法」（Siddha Medicine）起源於史前印度河文明（Indus Civilization），隨著印度河原始居民德拉維達人（Dravidian）南遷至泰米爾時，所流傳下來的印度古代療法，是聖哲們對人類的重大貢獻，也是人類文明最古老的醫療法之一，與阿育吠陀（Ayurveda）和尤那尼（Unani）同為印度三大傳統草藥醫療系統。「阿育吠陀療法」盛行於北印度，「尤那尼」屬於伊斯蘭體系，「悉達療法」則是普及於印度南部。

　　聖哲們是一群卓越的科學家，他們擁有超凡的神性力量，透過密集的瑜伽修煉而知曉人類百科，尤其在文學、天文學、化學、植物學、人體解剖學與生理學等等。由於他們大部分來自於泰米爾，因此奠定了以泰米爾地域文化發展的醫療系統基礎。

　　傳說由於聖哲們與濕婆能量有著密切的連結，而阿伽西亞又是聖哲中的聖哲，當初是由濕婆神口述給祂的太太 Parvatti，再由 Parvatti 告訴兒子（孩神慕儒哈）。後來孩神慕儒哈將此親授於阿伽西亞，最後再由阿伽西亞傳授給其他聖哲。根據古經所敘，在阿伽西亞的帶領下，這群具有非凡智慧與超凡力量的聖哲中，最具代表性的有十八位。

　　這種聖哲修煉療法最早出現在泰米爾桑坩文獻中，而在他們撰寫下的人類百科文獻中，也包括了「醫療」項目，以此脈絡流傳至今的養生保健療法，就是所謂的「悉達療法」。由於聖哲們深知人的身、心、靈是一體的，而我們短暫易衰的人體肉身卻限制著靈性的進展，唯有提升肉身至最高存在狀態，靈魂才得以昇華。

　　聖哲在修煉過程中達到的各種超凡力量，使得他們對大自然五行的各種奧祕與人體各項器官構造機能瞭如指掌，為了使身體與靈魂能夠平行進展，而研究出一套系統式的人類醫學，他們在棕櫚葉上留下龐大的知識，由後世代代傳

承。

現今以每一疾病細分特別科掛帥的人類西方醫學，或許難以將「瑜伽靈性修煉」與「科學」視為一談，而「悉達療法」的宗旨是：平衡人類在肉身習性與以生俱來的神性上的對立，不因心智的欲望與身體疾病的影響而阻礙了靈性進展。聖哲錫如穆拉對「醫學」的定義，為「悉達療法」提供了最好的註解：

「醫學是治療身體與心智上的失調，也是預防任何疾病，並增進靈魂永生的科學。」

可見聖哲們早以將身、心、靈視為一體，而人類醫學卻直到本世紀才意識到，將心理（Psychological）與精神（Mental）上的疾病列入治療範圍，也就是只觸及到「身療」與「心療」部分，以致現今「靈療」還是被排除在正統醫學範疇之外。

在「悉達療法」系統裡，化學（Chemistry）被視為是醫療與煉丹術（Alchemy）的輔助科學。「煉丹」與「化學」密不可分，是化學的雛形，因此著名瑞典科學家 Svante August 曾說：印度是化學起源之地。

聖哲們在煉製草藥的過程中發現，煉丹術不僅助於提煉「身療」與「靈療」方面的草藥，還可將金屬質變為黃金（因此也稱煉金術），特別是以煅燒法（Calcinate，以高溫將金屬轉化為氧化物），將汞、礦物、金屬等煉製而成的固態礦鹽藥丹 Muppu 配以草藥，服用此丹並配合呼吸瑜伽法，對防止人體老化與回春有驚人的效果。此療法稱為「Kaya Kalpa」，因此聖哲們可以延長平均七、八十年易衰的肉身，好讓他們完成階段式的靈性修煉。

第一份有關「悉達療法」的文獻論述，結合了阿伽西亞等眾多聖哲們的智慧結晶，在益壽與回春方面，根據聖哲的「Kaya Kalpa」療法：

1. 以呼吸法（例如 Pranayama 與 Hatha 瑜伽）調整內分泌系統，保存身體的生命能量。

2. 透過禁慾與瑜伽保留並轉化性能量。

3. 以三種成分精密煉造的固態礦鹽（Muppu）。

4. 以煅燒法將金屬與礦物提煉成粉末狀，例如汞、硫磺、金、銅、雲

母、鐵等。

5. 以印度珍奇的草本提煉成草藥。

「悉達療法」因普遍盛行於南印，相對於北印廣為人知的「阿育吠陀療法」，對大部分人而言較為陌生。目前泰米爾納度地方政府已對其日趨重視，大規模匯集散落各地的聖哲醫療文獻，並進行註解與實踐其配方，更提供「悉達療法」醫學文憑，因此期待不久的將來，更多的聖哲智慧將受到推廣並普及於世！

在我的「健康篇」裡，聖哲建議我，平日以最天然的蔬果進食，配合呼吸瑜伽（Vasi Yoga），使脈輪流動順暢，並常常唱誦祈禱文靜心，可提升身體振動頻率，容易連結高次元能量。

這幾個月來，我觀察到，有些因健康大亮紅燈上門尋葉子的人，在「藍圖概略篇」裡直接就收到聖哲給予的保健處方，而大多數人則需在個人第十五葉篇（健康篇）裡，才能得到訊息。有些「聖哲處方」簡單到讓人不敢置信，不是什麼東海龍王角，也不是什麼千年瓦上霜，不需上山下海才可獲取的珍貴食材，也不是得耗上幾天幾夜熬煮而成的「冷香丸」，而是你我都熟悉，在日常生活裡唾手可得，家家廚房必備的普通食材。但在今日各式複雜多元的美食環境裡，它們卻相對顯得遜色，毫不起眼。

就我的保健處方而言：早上生吃綠豆與大麥（需泡水發芽後）、生薑；平日多吃蘆薈、熟的紅番石榴，子直接吞食，不需咬碎；香蕉樹的心梗打碎當果汁喝，香蕉花煮熟加點糖吃，晚上睡前吃一、兩顆青蘋果以助消化等等。這些都是我平日必食的「良藥」，有些食材在台灣找不到，尤其是需要煉製的草藥，我會盡量想辦法託人在印度或馬來西亞帶回。另外聖哲建議我最好每星期六斷食一天，每個月淨化腸道等等。

當我開始實施葉子上聖哲的建議時，尤其是早上生吃發芽的綠豆與大麥，如同吸完整罐氧氣筒，讓我整日精神抖擻；而晚上吃帶皮青蘋果，平日容易脹氣的現象，在不到一個禮拜的時間內，果然好了許多。對於有些必須生食而非

台灣產地的食材，我不會過度強求，而是接受自己已盡心盡力後的結果。另外聖哲並沒有指示我在飲食上需全素，但對於有些個案則需如此。

搖
啊
搖
，
搖
到
聖
哲
家

在印度搭車有些旅遊須知，今天帶著佛心免費分享……
首先記得全程嘴巴閉上，以防心臟被震出。
在地球最後一輩子的肉身，
從頭到尾不到 155 公分，
遇上沒良心的司機，
38℃烤完後緊接雷雨交加不說，
在凹凸不平的泥巴路上還給我蛇形！
7 個小時無止境的叭了五百多公里，
擠在陽春版的 Suzuki 迷你車後座上，
一路體內五臟六腑上下顛簸跳動，
脊椎左右 180 度劇烈搖擺盪漾……

X 的，差點把我震到開悟！

能量終於頂不住，
在淪陷前夕緊急撤退，
拼了命搭上電梯逃難。
一路從 Lobby 海底輪直衝七樓頂輪，
合一打包後，竟集體背叛出走！
獨留 206 根骨頭一路散落荒野，佈施南印……
唯一靠得住的是永不離棄自己的 55 公斤肥肉與脂肪，
總在耗損小數點零零 X 克後，
還能超乎預期的再度得到主人
滿滿咖哩香的加持……

就這樣，
搖啊搖，我搖到聖哲家……

三、印度眾神

介紹印度眾神，無法排除流傳至今的神話故事。我的看法是：神話除了是當代人類文明對超神性力量的諸多幻想與投射外，也可能是上一個不受三維實相限制的文明，在靈魂模糊記憶中所殘留下的片刻寂光殘影，所以一切也不完全是憑空想像的。

我是個無宗教信仰的有神論者，不認為哪個宗教的神明才是唯一的神，我對每位「神明」背後所代表的能量團比較感興趣。我重情重色，重視神像的造型與美感，嚴肅單一的宗教制約，往往引不了我的興趣，反正只要是自己喜歡、順眼的，不管哪門哪派，一概不排斥。

我一直相信宇宙間有股巨大無比的能量，穿梭在我們一呼一吸之間。而所謂的神像，是我們給予這股能量的具象投射，好讓我們能藉由一個集體意識所認同的介面（例如摸得著或看得見的物體或平面），來連結背後那股能量；另外唱誦咒語與祈禱文，也是一種藉由聲音的頻率振動來連接神性能量的方式。

葉子上聖哲們常會建議你唱誦一些祈禱文（Mantra）以提升自身正面能量。我個人並不信奉印度教，卻在見證了種種納迪葉的神奇後，臣服於背後那股神性的力量，不但樂意在家中擺滿這些造型創意十足的印度神像，還天天對祂們唸著祈禱文。透過唱誦咒語，就好像打開自己覺得好用的 App 一樣，讓我可以隨時進入宇宙跨次元網域，我的指紋就是我的 ID 帳號，我的靈魂個資則分別記錄在我的葉子篇章裡，歸檔於浩瀚的宇宙雲端訊息庫中，我的好友名單上加有許多納迪葉聖哲們與印度的眾神群組，而且 24 小時保持上線狀態，從不關機，以便隨時可以 Line 他們。

以下向大家介紹這半年內新加入的跨次元好友們：（貼心提醒：請個別「登入」所屬「驗證咒語」，以便「連線」喔！）

濕婆神
Lord Shiva

咒語：Om Namashivaya

　　濕婆神（Lord Shiva）是印度三大主神之一，與梵天（Brahma），維濕奴（Vishnu）齊名，合稱為 Trimurti（神的三個面向）。濕婆神是宇宙毀滅之神，意涵是「死亡」，為重生的循環，代表宇宙原始意識，也是再生與創造的陽性能量，坐騎的是雄赳赳的 Bull Nandi（公牛南迪）。在濕婆神神廟裡，常可看見一顆靈伽（Shiva Linga）大黑石，代表男性生殖能力。信徒在石頭上塗牛奶、澆蜂蜜以保持滋潤，並祭以鮮花。

　　傳說有一天，梵天與維濕奴起了爭執，比較誰值得世人敬重。就在他們爭論時，出現了一根足以燒毀整個宇宙的火柱，二神見狀大驚，決定變成動物形體，想藉此找出火源。兩位大神於是尋尋覓覓了一千年，都未尋獲，筋疲力盡的回到原地時，驚見濕婆神現身，發現這根火柱即是濕婆神的靈伽，於是甘拜下風地把濕婆神尊奉為最偉大的神。這就是為何濕婆神在印度普遍被視為宇宙最高之神，而梵天與維濕奴都在祂之下的原故。

　　常見有「青頸」的濕婆神造型，乃緣於：諸天攪動乳海時，負責攪海的巨蛇因受不了劇痛，口中噴出大量的毒液，流入大海；諸神恐毒害眾生，央求濕婆神幫助，濕婆神不忍眾生受苦，只好將毒液吞入口中，劇毒因此將祂的咽喉燒成青藍色，而纏繞在祂身上三圈的靈蛇，各代表過去、現在與未來。

　　另外一個最受歡迎的造型就是 Dancing Shiva（跳著宇宙永恆之舞的濕婆神），優雅曼妙的舞姿後面有一環火焰，象徵創造、維持與毀滅生生不息的輪迴循環。而印度人稱跳舞狀態中的濕婆神為「Nataraja」，而解讀師 Guru Natrajh 的母親，當初就是以此為兒子取名的。

　　Guru 的母親出生於泰米爾省郡東部的 Chidambaram 市，這裡擁有全球聞名「Dancing Shiva」神殿，整城環繞在神殿的周邊。城市「有仙則靈」，日夜吸引成千上萬的遊客慕名而來，也是南印世界聞名的朱羅王朝建築之一。去年南印

之行有幸造訪此殿，黃昏時刻，訪客仍絡繹不絕，熱鬧非常。這是南印泰米爾省郡罕見到了晚上仍「香火通明」的城市。

杜爾嘉女神
Durga Devi

咒語：Om Durgaparameiyishivariye namaha

　　杜爾嘉（Durga）女神在印度是最受崇拜的女神，也是濕婆神之妻的四種化身之一。Durga 是「無敵」的意思，當她是 Durga 女神時，與另一個化身 Kali（卡莉），同是騎著猛獸、手持兵器，造型令人畏懼的降魔女神；而另外兩個溫柔的化身，在第一世被稱為 Sathi（莎緹），後來轉世為喜馬拉雅山的女兒 Parvati（帕爾瓦蒂），也是平衡宇宙能量中 Shiva Energy（濕婆神陽性能量）的 Shakti（夏克緹陰性能量）。

　　解讀葉子時，聖哲阿伽西亞常提起與她連結的必要，可見聖哲們對連結陰性能量的重視。由於大多華人對杜爾嘉女神陌生，不易與她連接，因此建議可連結觀音、聖母瑪麗亞，或其他代表本質上相同的陰性能量。

　　她與濕婆神及倆人所生的兒子迦尼薩（Ganesha），常以全家福出現在各式畫作之中，在印度更是家庭幸福和諧的象徵。

維濕奴
Lord Vishnu

咒語：Om Namo Narayanaya

維濕奴（Vishnu）是印度三位大神之一。梵天創造萬物，濕婆神毀滅並使萬物重生，而維濕奴則是在過程中掌管保護、拯救與維持萬物生長的能量。當塵世有難，即出面征服邪惡，並扭轉乾坤，一般以四隻手各持神盤、法螺、蓮花與神杵，坐騎的是一隻巨鳥。

維濕奴有十種不同的化身（Avatars），當中包括佛陀（Buddha），常見的則有英雄羅摩（Rama），也就是電影《貧民百萬富翁》裡，男主角在逃難時，因無意間看見一位扮演手拿弓箭、全身塗抹藍色的男孩而誤打誤撞猜中謎題，而男孩扮演的就是羅摩神的形象。另外還有可愛小孩模樣的黑天（Krishna）。而維濕奴的第十個化身尚未顯化，據說將在黑暗時期（Kali Yuga）以救世主的角色出現。

維濕奴是三位大神中最「人性化」的神祇，人們很容易連結他七情六欲的故事情節，而從中得到意喻。維濕奴常被畫成睡躺在巨蛇盤繞成床的大海上，美麗神妃拉卡希米（Lakshmi）一旁陪襯，而每覺醒來，即為宇宙初始之際。梵天是從維濕奴肚臍裡長出來的一朵蓮花上誕生的，梵天創造世界，而世界最終由濕婆神毀滅後又再度重生。宇宙在維濕奴反覆沉睡與甦醒中，周而復始，不斷輪迴與循環⋯⋯

拉卡希米女神
Lakshmi Devi

咒語：Om Shreem Mahalakshmi Namaha

拉卡希米（Lakshmi）女神是集吉祥、財富與幸運的富饒女神，是最受歡迎的印度女神，也是印度眾神造型中最吸睛的。她總是穿著鑲滿金邊的紅色沙麗，全身佩戴珠寶黃金，在印度，家家戶戶無不歡迎這位喜氣洋洋的豐盛女神為他們帶來好運。

拉卡希米是在諸天與阿修羅共攪乳海時誕生的，出生之際先是出現了月亮，被濕婆神拿來作為頭飾，所以也被稱為「月亮女神」；而當她浮出水面時，諸天為她的美貌驚艷不已。她選擇了英勇的救世主維濕奴為夫君，並在維濕奴多次的轉世化身中，也跟著變換身分，好隨影相依；最令人津津樂道的是，維濕奴睡在蛇床之海時，她溫柔的為丈夫按摩雙腳的恩愛畫面。

拉卡希米總是坐在綻開的蓮花上，有四隻玉臂，兩手持蓮花，左手持金罐，右手掌心朝外，不斷冒出金幣，象徵財富源源不絕。

象神迦內薩
Lord Ganesha

咒語：Om Gum Ganabadaye Namaha

（「Gum」發「Hum」音）

　　象神迦內薩大概是印度神祇中最為眾所皆知的神了。他是濕婆神與帕爾瓦蒂的大兒子，象徵喚起一切萬有之源，討喜的造型往往拉近了神像給予人的距離感，且能排除萬難。據說，他之所以少了一根象牙，是因工程浩大的《摩訶婆羅達》史詩在抄寫時，連神筆都被寫壞了，迦內薩於是折斷自己的右牙，沾上墨水，終於完成筆錄。

　　老鼠是他的代步工具，有趣可愛的形象，使他成為印度眾神中最廣為世人接受的福像，因此除了代表智慧，連結此歡喜能量，也象徵財源廣進之意。

孩神慕儒哈
Lord Muruga

咒語：Om Saravanabhava

　　孩神慕儒哈是南印泰米爾省郡最受歡迎的神祇之一，「Muruga」是美麗的意思，他是濕婆神與帕爾瓦蒂的第二個兒子，所乘載的代步工具是一隻孔雀。

　　據說當年濕婆神夫妻有顆金黃的大芒果，他與大哥象神迦內薩兩個搶吃，互不相讓。於是頭疼的濕婆神決定讓兩兄弟各去繞宇宙一圈，誰先回到家，就把芒果給他。慕儒哈聽了暗自竊喜，認為他的孔雀比起迦內薩的老鼠可高明多了，於是輕鬆地乘著孔雀翱翔飛去。沒想到聰明狡捷的迦內薩腦筋動的快，想到父親即是宇宙之神，於是坐著老鼠在濕婆神身邊轉了一圈後，就稱已環繞宇宙一圈歸來，並索取獎賞，父親見狀無不佩服他的機智，只好把芒果給他。當慕儒哈回來時，看到大哥正在大啖芒果，非常生氣，於是駕起孔雀揚長而去，離開父母自闖天下。

　　孩神慕儒哈被視為具有浩然正義之氣的戰神，與之連結可化一切阻礙為烏有，在南印更是被尊為有求必應之神，同時也象徵旺盛的的青春活力與純潔的赤子之心。

四、印度曆法與星宿

印度曆法
About Hindu Calendar

　　當 Guru 以我個人葉子上記載的印度曆生辰換算成西曆，並精準無誤的告訴我是在星期幾出生時，我真的愣傻了。難以相信，一套曆法千年沿用至今，竟如此精準。這幾個月在旁協助個案翻譯，更見證到一個又一個百分之百的神蹟，使我對印度曆法產生很大的興趣。

　　由於葉子上的個人生辰以及聖哲給予的每月例行祈禱日，全都以印度曆為主，有感華人對印度曆法的陌生，為了幫助大家了解印度曆，並協助同學們每年順利完成聖哲的指示，於是提供各式圖表與編圖供中文讀者對照參考資料。彙整過程所幸 Guru 一路相助，得以讓我把印度曆法以中文整理出來。

　　印度曆法以木星公轉太陽 5 周（一周約 12 年）60 年為一個循環週期，一年共計 12 個月。印度曆的 1 月（Thai Month）1 日始於西曆約 1 月中旬，但印度的新年卻是在 4 月（Chithirai Month）1 日，約西曆 4 月中旬才開始。印度曆每個月有 29 至 32 天不等，相較於西曆每日以凌晨 12 點至隔天 12 點 24 小時來計算一天，印度曆則以每日早上 6 點開始至隔日 6 點為一天。

　　另外除了日曆外，印度曆還以 Tithi 月亮日（Moon Day，一種以月球與太陽之間，每增加約 12 經度所需時間為一單位的觀月測量系統），來記錄月亮的運行。Tithi 月亮日的算法是：從每月的新月開始直到月圓日，這是月盈循環，以第一、第二、第三天等來記錄月球每日的變化；接著月虧循環，是從月圓日到下一個新月日。類似中國陰曆的初一、十五與月相。

　　陰曆以新月當日開始為初一，經上眉月、上弦月、上凸月、滿月、下凸月、下弦月、下眉月到晦日為一個月週期。Tithi 月亮日則稱新月當日為 Amavasai 新月日，俗稱 New-Moon Day 或 No-Moon Day，也是月轉為盈的第一個循環分界點，隔天（陰曆初二）才開始算第一天 Prathamai，Tuvitiyai 是第二天（陰曆初三），Trithiyai 是第三天（陰曆初四），以此類推十四天至第十五天，

也就是陰曆十六，稱當天為 Pournami 月圓日，俗稱 Full-Moon Day，也就是月轉為虧的第二循環分界點。然後從陰曆十七再以 Prathamai 為第一天開始算起，直到下一個新月日。

通常葉子上聖哲每月所指示的祈禱日，有特別的意義。例如第五天 Panjami 日，有蛇神 Nagadevi 的能量；第六天 Sashti 日，是六面孩神慕儒哈（Muruga）的能量；第十一天 Ekadasi，是維濕奴神（Vishnu）的能量；第十四天 Charthurdsi 日則是象神的能量。以上幾天在印度皆為吉日，而第八天 Astami 日與第九天 Navami 日，雖各為奎師那神（Krishna）與拉摩神（Rama）的生日，卻普遍被視為不宜變動之日，忌諱做任何遷移或重大決定。

印度曆每年每月不同，因此對照起中國陰曆的新月及月圓日，會有前後一兩天的差距。為了讓大家對印度曆的編制邏輯有些基本概念，可因此看懂印度曆，而不至於耽誤每月聖哲給予的「例行私事曆」，在此提供以下列表作為參考，實際日期請參閱每年的印度曆。

★印度曆月份表 Hindu 12-Month Chart

No. 月份	No of Days 天數	Hindu Month（Tamil/Hindi） 印度月（泰米爾文 / 印地文）	Gregorian Calendar 西曆
1	30 天	Thai/ PaushaTaisya	1 月中旬～ 2 月中旬
2	29 天	Masi/Magha	2 月中旬～ 3 月中旬
3	31 天	Pangguni/ Phalguna	3 月中旬～ 4 月中旬
4	31 天	Chithirai/ Chaitra（印度曆新年）	4 月中旬～ 5 月中旬
5	31 天	Vasikasi/ Vaisakha	5 月中旬～ 6 月中旬
6	32 天	Aani/ Jyaishtha	6 月中旬～ 7 月中旬
7	31 天	Aadi/ Ashadha	7 月中旬～ 8 月中旬
8	31 天	Aavani/ Shravana	8 月中旬～ 9 月中旬
9	31 天	Purattasi/ Bhadrapada/ Praushapada	9 月中旬～ 10 月中旬
10	30 天	Iyppasi/ Ashwina/ Ashvayuja	10 月中旬～ 11 月中旬
11	29 天	Karthigai/ Kartika	11 月中旬～ 12 月中旬
12	29 天	Margali/ Margasrsa	12 月中旬～ 1 月中旬

★印度曆月亮日表 Hindu Tithi Chart

Tithi 月亮日		
新月日	Amavasai	0˚
第一天	Prathamai	0˚ - 12˚
第二天	Tuvitiyai	12˚ -24˚
第三天	Trithiyai	24˚ -36˚
第四天	Chathurthi	36˚ -48˚
第五天	Panjami 蛇神（Negadevi）	48˚ -60˚
第六天	Sashti 孩神慕儒哈（Muruga）	60˚ -72˚
第七天	Sapthami	72˚ -84˚
第八天	Ashtami 奎師那神誕辰（Krishina's Birthday）	84˚ -96˚
第九天	Navami 拉摩神誕辰（Rama's Birthday）	96˚ -108˚
第十天	Dasami	108˚ -120˚
第十一天	Ekadasi 維濕奴（Vishnu）	120˚ -132˚
第十二天	Dvadasi	132˚ -144˚
第十三天	Trayodasi	14˚ -156˚
第十四天	Chathurdsi	156˚ -168˚
月圓日	Pournami	168˚ -180˚
第一天	Prathamai	180˚ -192˚
第二天	Tuvitiyai	192˚ -204˚
第三天	Trithiyai	204˚ -216˚
第四天	Chathurthi	216˚ -228˚
第五天	Panjami 蛇神（Negadevi）	228˚ -240˚
第六天	Sashti 孩神慕儒哈（Muruga）	240˚ -252˚
第七天	Sapthami	252˚ -264˚
第八天	Ashtami 奎師那神誕辰（Krishina's Birthday）	264˚ -276˚
第九天	Navami 拉摩神誕辰（Rama's Birthday）	276˚ -288˚
第十天	Dasami	288˚ -300˚
第十一天	Ekadasi 維濕奴（Vishnu）	300˚ -312˚
第十二天	Dvadasi	312˚ -324˚
第十三天	Trayodasi	324˚ -336˚
第十四天	Chathurdsi	336˚ -348˚
新月日	Amavasai	348˚ -360˚

Waxing Phase	陰曆	月相	
New/No Moon day	初一	新月、朔月	0
	初二		
Waxing Crescent	初三	峨眉月／上眉月	0°-90°
	初四		
	初五		
	初六		
First Quarter	初七	上弦月／月半	90°
	初八		
	初九		
	初十		
Waxing Gibbous	初十一	上凸月／張弦月	90°-180°
	初十二		
	初十三		
	初十四		
	初十五	滿月／望月	80°
Full-Moon Day	十六		
	十七		
	十八		
Waning Gibbous	十九	下凸月／張弦月	180°-270°
	二十		
	二十一		
Third Quarter	二十二	下弦月（月半）	270°
	二十三		
	二十四		
	二十五		
Waning Crescent	二十六	峨眉月／下眉月	270°-360°
	二十七		
	二十八		
	二十九	晦日	
	三十		
New/No Moon Day	初一	新月、朔月	360°

印度二十七星宿與九大行星
Hindu 27 Nakshastras and 9 Grahas

　　每一個人的今世除了受到前世的影響外，其星象運行對地球磁場的影響，也主宰著一個人的順逆。

　　古代印度為了觀測天象，了解行星運轉變化，以亙古不變的恆星做背景，所以印度曆法是以九大行星、十二星座與二十七星宿為依據。根據月亮繞地球一周需 27.3 天，以每等份 13°20'，將天際黃道 360°劃分為十二個星座與二十七個 Nakshastras（Stars）恆星單位，每一個星座單位涵蓋 2.25 個 Nakshastras 區。在解讀第一章藍圖概略篇時，會出現你的星盤，也就是你出生時刻九大行星各處在哪一個星座上，而你的 Star 主星，就是你的月亮星座裡的某個 Nakshastra 區。由於月亮每天會「住宿」在一個 Nakshastra 區，因此 Nakshastra 也稱 Lunar Maison 星宿。

　　印度曆算法極為細微，對個人星座的認定不同於以太陽為主的西洋占星系統，而是根據每人出生日時刻，月亮所抵達的星宿團所屬的星座為準，例如：月亮若在牧羊座，你的主星不是 Aswani，就是 Bharani 或是 Karthigai；月亮若在金牛座，你的主星就是 Karthigai、Rohini 或是 Migaseridam 其中一個。（參見九大行星中印星宿與十二星座圖）

　　在中國則劃分黃道為二十八個星宿，以東方青龍角宿（Chitra Star）為首，東、西、南、北各七宿一組，多了一宿。其實印度也有二十八個 Nakshastras 的說法，沒被納入的 Abhijit Star，可能因觀象緯度不同，明暗有別，在印度平日不易被看到；但婚禮習俗上，新娘結婚當日若是可以看到，則可證明自己玉潔之身。可見 Abhijit 是「女性星宿」，而實際位置介於 21. Utharashadha（北方玄武第一宿斗宿）與 22. Sravana Star 之間。

　　而中國自古北方七宿的排列──斗、牛、女、虛、危、室、壁，「牛宿」在「女宿」之前，如此 Abhijit 就得對等中文的「牛宿」，Sravana 則成為了「女宿」；

而 Sravana 因由維濕奴神掌管，在印度更是個常用的男名。

有趣的是，一般人直覺上會以為，「牛宿」與「女宿」是各以「牛郎星」與「織女星」為兩大標誌星之星宿，但這兩顆恆星卻都座落在「牛宿」中。若認為前人搞錯了，我們重新將二星歸位「扶正」的話，以經度的劃分來看，則「女宿」該在「牛宿」之前，而中國二十八星宿牛、女順序排列就得對調。或許考慮天文學上的歲差因素，那麼就有意思了：Miss Abhijit 穿上了沙麗，名副其實的成為「女宿」的 she，而 Mr. Sravana muscle 男則重振雄威的保住了「牛宿」的 he，兩造皆大歡喜！（參見中印二十七與二十八星宿對照表）

葉子上除了你的主星星宿，聖哲對個人出生時辰每一行星的座落區，則以十二星座說明。印度的九大行星有：太陽、月亮、火星、水星、木星、金星、土星、羅睺星（Rahu）及計都星（Ketu）。在南印泰米爾納度，九大行星不僅各有廟宇，每一行星都各有具體神像以供人祭拜。

2012 年我「粉身碎骨」的南印之旅，最主要的就是去參拜九大行星神廟，為家人祈福。因神廟地點偏遠、分散各地，有的彼此距離不近，加上遠離塵囂，交通不便，路況又差，一路上顛簸不已，如果沒有十足的動力與體力，光靠念力也難以走完全程。

值得一提的是，印度九大行星裡的 Rahu 與 Ketu，在印度占星系統中非常重要，它們並不是實際天體，而是月亮交點，也就是月球運行穿越黃道時的升交點與降交點。地球繞太陽公轉的軌道稱為「黃道」，月亮繞行地球公轉的軌道稱「白道」，升交點是月球穿越黃道進入北方的點，降交點是穿越黃道進入南方的點，這兩個交點在世界不同的地區有著不同的名稱。

由於升交點是月球白道與黃道交會並由黃道南側進入北側的點，因此有時被稱為「北交點」，它的符號是☊。從黃道北側進入南側的降交點稱為「南交點」，而它的符號就是升交點符號的反轉☋。北交點因為交點的循環，在實際上也可能就是南交點。在印度天文學，升交點稱為 Rahu，降交點稱為 Ketu。

九大行星的概念在唐朝傳入中國，稱九曜，而 Rahu 與 Ketu 就是中國占星裡七政四餘（四夥虛星）的羅睺星與計都星。

據古代印度史詩《摩訶婆羅多》（Mahabharata）裡描述，諸神攪動乳海、眾飲甘露時，阿修羅羅睺變身諸神形體而偷飲了甘露，被日神 Surya 及月神 Chandra 看到後，密告維濕奴，於是維濕奴大怒擲出盤子；而就在羅睺把甘露飲到喉中時，當場把羅睺砍成頭身兩段。但因羅睺已飲下甘露而得以永生，於是頭部飛上北天，成為龍頭（Dragon's Head）的羅睺星（Rahu），而死去的身體則飄向南方，成為了龍尾（Dragon's Tail）的計都星（Ketu）。羅睺因此記仇，並誓言吞噬日月二神，所以造成了日蝕與月蝕。但因羅睺只有頭部沒有食道，所以日月在短暫的片刻黑暗後，又得以全身而退走向光明。

　　在印度，由於羅睺與計都二星均為煞性暗虛星（Shadow Planets），相較於其他行星，對人的磁場與運勢影響也較大。在中國古代，「羅睺」是搶奪太陽與月亮之光的「蝕星」，「計都」則是在夜空中突然出現威脅人們的「彗星」，兩者原為一體卻分割兩半，因此也同樣被視為「兇星」。清朝以前本以「羅睺星」為南交點，「計都星」為北交點，後來採用了西洋傳教士以印度天文學「羅睺為北，計都為南」的看法而改訂。另外羅睺與計都也出現在日本與其他文化的神話中。

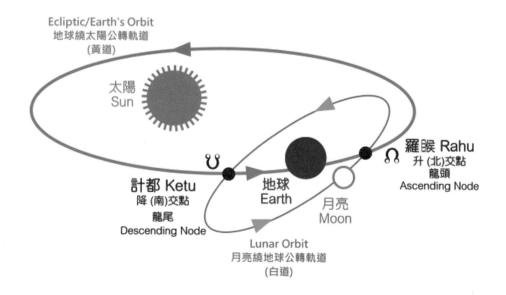

★中印二十七與二十八星宿對照表
Hindu 27 & Chinese 28 Nakshastras Chart
（印度語系不一，在此提供泰米爾文／北印語以便日後對照）

No.	泰米爾文 Tamil	北印語 Hindi	中文 Chinese		方位 Direction
1	Aswini	Aswini	婁宿	二	
2	Bharani	Bharani	胃宿	三	
3	Karthigai	Kritika	昴宿	四	西方白虎
4	Rohini	Rohini	畢宿	五	
5	Mirgaseridam	Mrigasira	觜宿	六	
6	Thiruvathirai	Ardra	參宿	七	
7	Punarpoosam	Punarvasu	井宿	一	
8	Poosam	Pushya	鬼宿	二	
9	Ayilyam	Aslesha	柳宿	三	
10	Magham	Makha	星宿	四	南方朱雀
11	Pooram	Purvaphalguni	張宿	五	
12	Uthiram	Uttaraphalguni	翼宿	六	
13	Hastham	Hasta	軫宿	七	
14	Chithirai	Chitra	角宿	一	
15	Swathi	Swati	亢宿	二	
16	Visakam	Visakha	氐宿	三	
17	Anusham	Anuradha	房宿	四	東方青龍
18	Kettai	Jyeshtha	心宿	五	
19	Moolam	Moola	尾宿	六	
20	Pooradam	Purvashadha	箕宿	七	
21	Uthiradam	Uttarashadha	斗宿	一	
	Abhijtt	Abhiteet	牛宿	二	
22	Thiruvonam	Sravana	女宿	三	
23	Avittam	Dhanishta	虛宿	四	北方玄武
24	Sathayam	Satabishak	危宿	五	
25	Poorattathi	Purvabhadra	室宿	六	
26	Uthirattathi	Uttarabhadrapada	壁宿	七	
27	Revathi	Revati	奎宿	一	西方白虎

★印度九大行星表
Hindu 9-Planet (Graha) Chart

行星 Planet	數字 Number	日 Week Day（英 / 法文）	顏色 Color	金屬 Metal	寶石 Gem
太陽 Sun	1	星期天 Sunday/Dimanche	紅銅 Red Copper	銅 Copper	紅寶石 Ruby
月亮 Moon	2	星期一 Monday/Lundi	白 White	錫 Tin	珍珠 Pearl
火星 Mars	9	星期二 Tuesday/Mardi	紅 Red	鐘銅 （銅錫合金） Bell Metal	紅珊瑚 Red Coral
水星 Mercury	5	星期三 Wednesday/Mercredi	綠 Green	黃銅 Brass	綠寶石 Emerald
木星 Jupiter	3	星期四 Thursday/Jeudi	黃 Yellow	金 Gold	黃寶石 Yellow Sapphire
金星 Venus	6	星期五 Friday/Vendredi	銀白 Silver White	銀 Silver	鑽石 Diamond
土星 Saturn	8	星期六 Saturday/Samedi	黑 Black	鐵 Iron	藍寶石 Blue Sapphire
羅睺星 Rahu	4		煙 Smoke	鉛 lead	貓眼石 Cat's Eyes
計都星 Katu	7		煙 Smoke	鉛 lead	桂榴石 Hessonite

★九大行星、中印星宿與十二星座圖

9 Planets, Hindu/Chinese Nakshastras and 12 Horoscopes Chart

（印度觀象角度是由下往上看，因此南上北下）

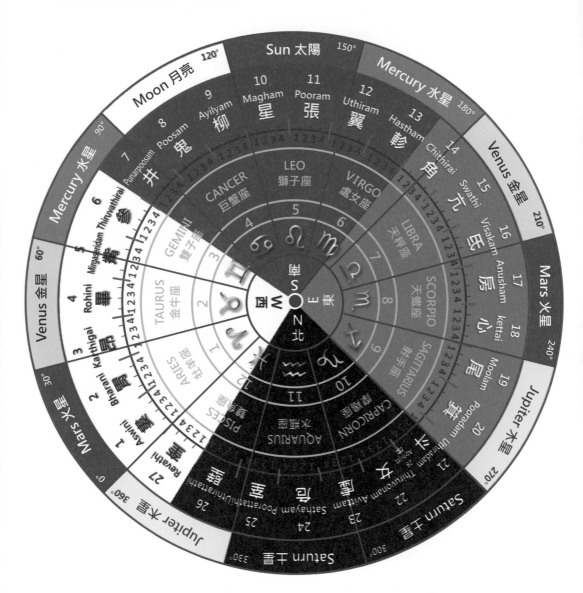

〈後記〉

Om Agathisaya Namaha

　　Pothigai Malai，一個極度偏遠的南印荒野山丘，位於 Pabhanasam 郊區。原本預計當日上山，但出發的晚，加上氣候不佳，到時天色已晚，只好下榻當地旅舍，計畫隔天攻頂。

　　隔日不到十一點，就已豔陽高照。山腰上有瀑布山泉，許多人也只衝著這山水才到此一遊。山上的寺廟得爬上幾個階梯才能到達，不要說華人了，就連當地也鮮少人知道，這是當年聖哲阿伽西亞給予祝福並住過的地方。

　　這座山是印度孟加拉虎保育地，另外除了類似台灣的獼猴外，還有一堆有潔癖的黑面猴，搶走了我最後一包舒潔濕紙巾。我們三人，Guru、麻吉和我，沒有傘，沒有帽子，頂著 35 度的高溫，一路挨著破碎的欄杆，正午時刻，我們來到了聖哲腳下，映入眼簾的是一個宇宙初始態的地球原貌。

　　話說當年濕婆神與妻子在喜馬拉雅山舉行婚禮，因派遣阿伽西亞來到南印開拓文明，創始泰米爾文，為了使阿伽西亞能共襄盛舉，於是在此顯化了婚禮場景。因此這裡是個濕婆神神廟，這幾年來才多了阿伽西亞與妻子的雕像，在這裡，我們陸續接受了寺廟法師的祝福後，在空曠的廟庭裡，迎著徐徐的微風，靜靜的坐著……

　　幾個小時過去了，帶著滿滿的能量，正準備起身下山時，一群遠從克拉省來朝聖的人，帶著鮮花水果，跟著一位法師，來到了阿伽西亞面前。

　　一個小時的獻花、唸咒，椰子、牛奶、香油，最後把我這個在旁觀看、處處格格不入的黃皮膚外國女人叫到面前，要我雙手承接椰子水，喝下，在我的額頭上劃上一道橫白槓，並給予了我第一個來自阿伽西亞的祝福。

　　Guru 說，這是何等的殊榮、何等難得一見的完整 Puja 啊！

到底是何等的緣分
要把我帶到這裡
到底是與 Agathiyar 有著什麼樣的連結
可以在這麼一個 perfect timing
讓我分秒不差的出現在此刻　接受祂第一個祝福
Guru 告訴法師　原本我們昨天就到
法師告訴 Guru　原本他們今天不來
兩個人在做的計畫
終究沒有成行……

成行的是
一個與神一直對不了話的西化華人
2012 年在馬來西亞吉隆坡與自己的葉子相遇
帶著祂送給她前世 Guru ／今世父親的三捆納迪葉
回到她這輩子的家
2013 年在台灣高雄迎接了首位來台的納迪葉解讀師
帶著 400 個人的前世今生與來世
讓她見證了一個又一個靈魂的旅程
幾個月後
安排她回到上輩子的老家
見全了當年來不及說再見的親人
而今
千呼萬喚
終於讓她拖著嘮叨了幾百個不願意的身體
千里迢迢的來到了她或許記不得的地方
在那裡
她曾經一度很不時髦
成天跟著幾位不食、不語
坐在石頭上披頭散髮的人

為他們挑水、洗地、曬葉子
數十年如一日

有一天
師父說要離開了
她問師父何日可以重逢
師父說
我當不了妳的師父
因為妳只相信質疑
讓質疑成為妳永生的 Guru 吧
接受質疑
追隨質疑
質疑質疑
不要擔心
妳就是會在對的時間　在對的地方
找到我們今天的對話

妳會把我們的故事
以感動告訴大家
當妳再次回到這裡
或許不會憶起
但就是會知道
妳將會曾經像現在這樣
聽見我所說的每一句話

而我也將一如往常在過去
透過微風
在每一個現在為妳送上我的祝福……

Keshin

Pothigai 山丘濕婆神廟

附錄

名詞對照表

	原文	意譯或音譯	備註
A	Agathiyar	聖哲阿伽西亞	第一位被尊奉為 Siddha 的聖哲，創建泰米爾文
	Agattiyam	第一部泰米爾文法	阿伽西亞為泰米爾語創建的文法
	Airavatesvara Kovil（Temple）	南印著名濕婆神神殿	
	Angaraka	火星戰神名	
	Ayurveda	阿育吠陀療法	印度三大古老療法之一，盛行北印
B	Babaji	聖哲巴巴吉	印度著名聖哲，據傳現今住在喜馬拉雅山
	Bhakti Yoga	奉愛瑜伽	
	Bhogar	聖哲柏哈爾	十八聖哲之一，中國的老子
	Brahma	大梵天	創造之神，印度三大主神之一
	Bridadeeswara temple	Bridadeeswara 寺	南印最著名濕婆神神殿俗稱大王廟（Big Temple）
	Bull Nandi	公牛南迪	濕婆神之坐騎
C	Canto	篇章	納迪葉個別篇章
	Capati	麵餅	
	Cause	造成後果的因	
	Cha	印度奶茶	
	Chandra	月神	
	Chennai（舊名 Madras）	清奈	泰米爾納度省郡首府，以前稱為馬德拉斯
	Chera Dynasty	哲羅王朝	南印千年古國之一（約西元前 3 世紀至 12 世紀）
	Chidambaram	崎丹巴壤	
	Chola Dynasty	朱羅王朝	南印千年古國之一（約西元前 4 世紀至 13 世紀）
D	Dancing Shiva	舞中的濕婆神	
	Deccan	德干高原	位於印度中部和南部
	Dravidian	德拉維達人	起緣於印度河文明，今泰米爾半島居民

	Durga	杜爾嘉女神（難近母）	雪山神女兩個凶相化身之一
	Dwarka（古名 Dvarka）	德瓦爾卡城 / 都瓦卡	位於今印度西部，是古代 Krishna 所建造之城
E	Effect	由「因」而形成的後果	
	Ezhuthani	古代棕櫚葉刻寫工具	
G	Ganesha	象神迦尼薩	濕婆神的大兒子
	Gangaikonda Cholapuram	南印另一著名濕婆神神殿	國王之子欲與其父所建之大王廟齊名而建造之神殿
	Ganges River	恆河	南亞一條主要河流，流經印度北部及孟加拉
	Gondwanaland	岡瓦那古	史前存在之大陸
	Graham Hancock	葛瑞姆・漢卡克	英國考古歷史學者作家
	Guru Natrajh	古魯・納塔吉	Guru 為導師、上師之意
H	Hanuman	猴神阿努曼	印度史詩《羅摩耶那》裡記載的神猴
	Harappa	哈拉巴遺址	消失古城，位今巴基斯坦境內
I	Indus Civilization	印度河文明	印度文化發源地
	Indus River	印度河	今巴基斯坦主要河流，文化和商業中心地帶
K	Kailash Mountain	西藏岡仁波齊峰	
	Kali	卡莉女神（時母）	雪山女神兩個凶相化身之一
	Kali Yuga	最後育迦時期 / 黑暗時期	
	Kanya Kumari	坎亞庫馬利	南印最南端
	Karma	正負因果循環	
	Karma Disease	因果所造成之不癒之症	
	Kaveri	高韋里河	南印聖河之一
	Kavata Puram	卡瓦塔普壤	南印已沉落之古城
	Ketu	計都星	月亮降（南）交點
	(Gulf) of Khamnbhat（舊名 Combay）	坎拔灣	
	Krishna	奎師那神 / 黑天	維斯奴第八個化身
	Kumari Kandam	庫馬利洲	古代印度沉落海底的大陸
	Kumbakonam	庫姆巴科納姆	南印廟宇之都
L	Lakshmi	女神拉卡希米	印度豐盛女神
	Lemuria	列穆里亞	古代沉落於印度洋與太平洋之大地

M	Madurai	馬杜萊	龐地亞國都
	Mahabharata	摩訶婆羅多	古印度最著名史詩
	Mahamaham	馬哈瑪汗	每 12 年在庫姆巴科納姆市舉行的慶典
	Mantra	咒語 / 祈禱文	
	Maratha Empire	馬拉塔帝國	（1674 ～ 1818）
	Mohenjo-daro	摩罕究達羅	消失古城，位今巴基斯坦境內
	Mudra	手印	
	Muruga	慕儒哈	
	Nadi Leaf Reader	納迪葉解讀師	
	Nakshastras（Stars）	星宿	每日月亮所到達之恆星區，單位小於星座
	Nan	印度餅	
	Nandi Devar	聖哲南迪德瓦	十八位聖哲之一
O	On the plane	在平原上	電影《窈窕淑女》之劇情
	On the road	上路	電影《窈窕淑女》之劇情
P	Palani	帕拉尼山丘	聖哲柏哈爾入定三摩地之處
	Palm Leaf Manuscripts	棕櫚葉手稿	古代南亞書寫工具
	Pandya Dynasty	龐地亞王朝	南印統治最久的一個千年古國（起源不詳，滅於 17 世紀）
	Parvati	雪山女神帕爾瓦蒂	濕婆神之妻
	Pothigai Hills	珀西蓋山丘	傳說中聖哲阿伽西亞居住之地
	Puja	祈福儀式	
	Purattasi		印度曆 9 月（約新曆 9 月中至 10 月中）
R	Rahu	羅睺星	月亮升（北）交點
	Raja Raja Chozhan I	朱羅王朝中期盛世國王（西元 985 ～ 1014）	朱羅王朝中期國王
	Rama	拉摩神	維斯奴第七個化身
	Ramalinga	聖哲拉摩霖迦	十九世紀泰米爾著名哲學詩人
	Rig Veda	梨俱吠陀	吠陀經之一
	Rishis	聖哲（梵語）	
	Rudrasham	一種果核（有不同切面）	趨吉避凶之佩戴品
S	Sage	聖哲	
	Sage Agathiyar	聖哲阿伽西亞	

Sangam Literature	泰米爾桑坩文學	古代泰米爾文學聚集會所產出之文學作品
Sapta Rishi	七仙人	印度古經中所提及之七大仙人
Sarasvati Mahal Library	薩拉斯瓦蒂圖書館	納迪葉典藏圖書館中心
Sathi	莎緹	
Serfoji II	瑟扶吉二世	（1777～1832）
Shakti	夏克緹陰性能量	
（Lord）Shiva	濕婆神	毀滅之神，印度三大主神之一，也擔任創造之職
Shiva Energy Vortex	濕婆能量漩渦	巨大濕婆神能量場
Shiva Linga	濕婆神靈伽	象徵濕婆神能量之黑石
Shiva Puranas	往世書	一類古印度文獻總稱，通常為問答式詩歌體
Siddha Medicine	聖哲回春益壽修煉療法／悉達療法	聖哲傳承之印度三大古老療法之一，盛行於南印
Siddhamirtham Tank	西達米騰池	位於 Vaitheeswaran Kovil 內
Siddha	聖哲	
Siddi	靈性修煉達至之超凡境界	
Silappadikaram	德婦抗權復仇記	泰米爾文學五大經典文學（著於1世紀）
Soruba Samadhi	三摩地境界	靈性修煉之一大境界
Soul Agenda	靈魂議程	
Star Day	主星日	每月月亮到達個人主星星宿日
Surya	日神	
Talisman	吉祥物	有助個人磁場之隨身攜帶物
Tamil	泰米爾語／文	
Tamil Nadu	南印泰米爾納度省	又譯「坦米爾納德邦」
Tamilakam	南印古代泰米爾地域	包括今南印泰米爾省與克拉拉省
Tangore	坦賈武爾市舊名	
Thanjavur	坦賈武爾市	南印千年古城之一，位於今南印東部
Thanjavur Nayaks Kingdom	坦賈武爾那亞克王國	南印古國之一（1532～1673）
Thanjavur Palace	坦賈武爾皇宮	坦賈武爾那亞克王國所建，約建於 1550 年

T

	The rain In Spain stays mainly in the plane	西班牙的雨都是下在平原上	電影《窈窕淑女》之劇情
	The Thanjavur Maharaja Serfoji's Saravati Mahal Library	坦賈武爾瑟扶吉王御書房	十九世紀納迪葉聚集之處
	Thirumandiram	三千句真言經	聖哲錫如穆拉著作
	Thirumoolar	聖哲錫如穆拉	十八聖哲之一
	Thirunallar Darba-rabyeswarar Temple	土星廟	
	Tiruchirappali/Trichy	蒂魯吉拉帕利／崔奇	南印重鎮
	Tithi	月亮日（Moon Day）	
	Tolkapiam	第二部泰米爾文法	第二期泰米爾桑坩文學
	Treta Yuga	第三育迦時期	
	Trimurti	神的三個面向	
U	Unani	尤那尼療法	印度三大古老療法之一，伊斯蘭體系療法
	Universal Mother	宇宙之母	神性源頭
V	Vaitheeswaran Kovil	南印著名的濕婆神藥師神殿與火星廟名	納迪葉之鄉
	Valluvar	印度天文占星階級	印度泰米爾納德邦州印度教社區的種姓
	Vasi Yoga	呼吸瑜伽	
	Vastu Master	印度能量空間建築規劃大師	
	Vattezhutthu（Vatta Ezuthu）	古泰米爾書寫體系之一	二世紀後所用
	（Lord）Vishnu	維濕奴，又譯作毘濕奴	保護神，印度三大主神之一
W	Worship Places	信仰之地	
Y	Yantra	圖騰	有助個人磁場之幾何圖型組合

參考資料

"Babaji And the 18 Siddha Kriya Yoga Tradition" by M. Govindan, M.A.

"Nadi Palm leaf Astrology" by Kim Paisol

"The secret of Indian Palm leaf libraries" p. 81-85, by Thomas Ritter

"PaintedManuscriptsof the Sarasvati Mahal Library", p.36, by Nanditha Krishna

"Naadi Prediction" by Wing Commander Shashikant Oak

"The body of God: an emperor's palace for Krishna in eighth-century Kanchipuram" Hudson, Dennis (2008). Oxford University Press. p. 51.

"The Yoga of the 18 Siddhas: An Anthology" ISBN 1-895383-24-2

"The Naadi Palm Leaf Oracle of India" : by Angela and Andrew Donovan

"The Hidden Oracle of India" by Angela and Andrew Donovan

"Zvelebil" 1973，p.220-221

"Intergrated History of Ancient India" by L.S. Wakankar

http://www.discerning-wisdom.com/siddhas/

http://www.hinduismmythology.com/hindumythology/hinduGod/siddhas.htm#.Umy6Jxal6mk

www.babajiskriyayoga.net

http://www.deinayurveda.net/wordpress/2010/10/siddha-system-of-indian-medicine/

http://ancientvoice.wikidot.com/article:kumari-kandam

http://blog.roodo.com/knowledge_india/archives/1158420.html

http://www.deinayurveda.net/wordpress/2010/10/siddha-system-of-indian-medicine/

http://www.pbs.org/thestoryofindia/gallery/

http://ancientvoice.wikidot.com/article:kumari-kandam

http://www.discerning-wisdom.com/siddhas/

http://www.hinduismmythology.com/hindumythology/hinduGod/siddhas.htm#.Umy6Jxal6mk

http://www.babajiskriyayoga.net/italian/articles/art_20.php

http://cholangathevar.blogspot.tw/2008/04/ancient-tamilnadu-map.html

http://en.wikipedia.org/wiki/Palm-leaf_manuscript

http://www.astroved.com/history-of-nadi.aspx

http://www.komilla.com/pages/library/nadi_granthas.cfm

http://www.nadiastrology.org/nadi-astrology.php

http://shriagastiya.webs.com/agastiyanadileaveshistory.htm

http://www.discerning-wisdom.com/siddhas/

http://www.hinduismmythology.com/hindumythology/hinduGod/siddhas.htm#.Umy6Jxal6mk

http://www.hinduwebsite.com/hinduism/essays/siddhas.asp

http://www.infinityfoundation.com/mandala/t_es/t_es_tiwar_siddha.htm

Wikipedia:Nadi Astrology, Siddhar, Siddha,Rishi, Agastya,Siddha Medicine, Rasayana, Chola Dynasty, Chera Dynasty, Pandya Dyanasty, Maratha, Maratha Empire, Thanjavur Maratha Kindom, Nayak Dynasty, Tamil, Tamilakam, Dravidian, Dravidian, Kumai Kandam,Sangam, Lemuria, Lunar Maison, Lunar Nodes, Tamil Bramin, Vatteluttu

維基百科：投山仙人，南極老人星，南極仙翁，難近母，時母

百度百科：羅睺，計都，濕婆

《圖解 100 個印度史詩神話故事》貓頭鷹編輯室製作

《印度哲學史》東大圖書公司，楊惠南著

《印度河文明》國立編輯館出版，林煌洲譯

《印度史》三民書局印行，吳俊才著

《古代文明之旅》時報出版，余幼珊、郭乃嘉、朱孟熏 譯

YouTube：

32000 year old underwater city found –Dwarka.flv

The lost Lemuria continent "Kumari Kandam"

Kumari Kandam: The Lost Lemuria Continent32 000 Years Old Alien City Found In India DwarkaUFO Alien Temple Found In India

國家圖書館出版品預行編目資料

印度 納迪葉：跨次元即時通,解讀你的靈魂藍圖 =Nadi Leaf /
Keshin 著 . -- 二版 . -- 臺北市：商周出版：家庭傳媒城邦分公司
發行 , 2022.03
  面； 公分

ISBN 978-626-318-214-1 (平裝)

1. 印度哲學 2. 靈魂

137   111003148

線上版回函卡

印度 納迪葉Nadi Leaf：跨次元即時通，解讀你的靈魂藍圖

作　　　者 / Keshin
顧　　　問 / A.G Natrajh
企 劃 選 書 / 徐藍萍
責 任 編 輯 / 徐藍萍

版　　　權 / 黃淑敏、吳亭儀
行 銷 業 務 / 周佑潔、黃崇華、華華
總 　編 　輯 / 徐藍萍
總 　經 　理 / 彭之琬
事業群總經理 / 黃淑貞
發 　行 　人 / 何飛鵬
法 律 顧 問 / 台英國際商務法律事務所 羅明通律師
出　　　版 / 商周出版
　　　　　　台北市104民生東路二段141號9樓
　　　　　　電話：(02) 25007008　傳真：(02)25007759
　　　　　　E-mail：bwp.service@cite.com.tw
發　　　行 / 英屬蓋曼群島商家庭傳媒股份有限公司 城邦分公司
　　　　　　台北市中山區民生東路二段141號2樓
　　　　　　書虫客服服務專線：02-25007718；25007719
　　　　　　服務時間：週一至週五上午 09:30-12:00；下午 13:30-17:00
　　　　　　24 小時傳真專線：02-25001990；25001991
　　　　　　劃撥帳號：19863813；戶名：書虫股份有限公司
　　　　　　讀者服務信箱：service@readingclub.com.tw
　　　　　　城邦讀書花園：www.cite.com.tw
香港發行所 / 城邦（香港）出版集團有限公司
　　　　　　香港灣仔駱克道193號東超商業中心1樓；E-mail：hkcite@biznetvigator.com
　　　　　　電話：(852) 25086231　傳真：(852) 25789337
馬新發行所 / 城邦（馬新）出版集團 Cite (M) Sdn. Bhd.
　　　　　　41, Jalan Radin Anum, Bandar Baru Sri Petaling, 57000 Kuala Lumpur, Malaysia.
　　　　　　Tel: (603) 90578822　Fax: (603) 90576622　Email: cite@cite.com.my

美 術 設 計 / 張燕儀　　　　　　攝　　　影 / 余淑玲
圖 表 整 合 / Keshin　　　　　　圖 表 完 稿 / 黃敬玲
排　　　版 / 極翔企業有限公司
印　　　刷 / 卡樂製版印刷事業有限公司
總 　經 　銷 / 聯合發行股份有限公司　新北市 231 新店區寶橋路 235 巷 6 弄 6 號
　　　　　　電話：(02)2917-8022　傳真：(02)2911-0053

■2014年2月13日初版
■2022年3月24日二版
定價380元

Printed in Taiwan

城邦讀書花園
www.cite.com.tw